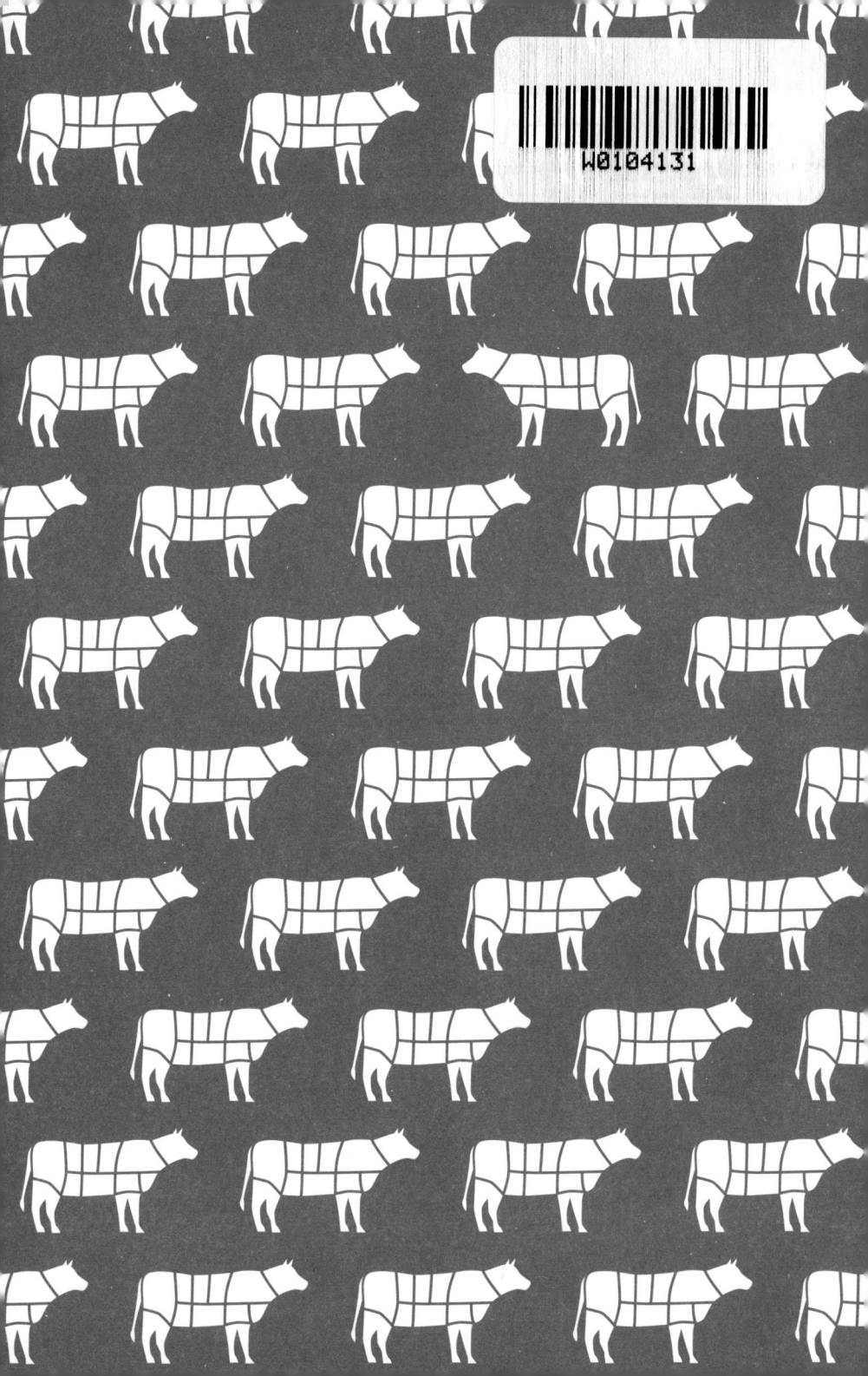

ILJA STEFFELBAUER

–

FLEISCH

CC
Wegen der Fleischeslust
und der Tierliebe

Ilja Steffelbauer

FLEISCH

Weshalb es die
Gesellschaft spaltet

Inhalt

6 **Einleitung**

10 **King Kong und der Killeraffe**
Warum wir zu Fleischfressern wurden
20 **Das vermeintliche Böse**
25 **Was die Jagd aus uns machte**

30 **Nimrods Äon**
Unsere Vorgeschichte als Sammler und Jäger
37 **Runner's High**
42 **Out of Africa**

48 **Abels Herde**
Von den Anfängen des Ackerbaus
und der Domestizierung
59 **Kains Sünde**
65 **Krumm und bucklig**

70 **Kains Erbe**
Was der Ackerbau mit uns machte
74 **Der Mensch lebt doch vom Brot allein**
90 **Zoonosen**

Bauern und Viehzüchter 94
Von agrarischen Systemen und Nahrungsmittelregimen

Schwein 100
Rind 106
Kleinvieh 115
Geflügel 119
Andere Nutztiere 122
Wild 126
Fisch 129
Bambi 131

Fleischeszucht und Völlerei 136
Fleisch in Kultur und Gesellschaft

Moses und Prometheus 137

Zeitalter der Schlachthöfe 174
Die Agrarrevolution und ihre Folgen

Das Rind im Kapitalismus 182
Tod durch Schnitzel 192

Pièce de Résistance 196
Warum wir gerade so viel über Fleisch reden

Du bist, was du isst 204

Literatur 212

Einleitung

Oft sind es Zufälle, die darüber entscheiden, womit man sich so intensiv beschäftigt, dass daraus ein Buch entsteht. So habe ich eigentlich niemals vorgehabt, mich mit dem Thema Fleisch zu befassen. Durch meine frühere Beschäftigung mit Agrargeschichte war der Acker – um im Bild zu bleiben – sicher schon bestellt. Schließlich kann man durch kein Studium der Geschichte mit wirtschafts- und sozialhistorischem Schwerpunkt gehen, ohne von der überwältigenden Bedeutung der Landwirtschaft für unsere historische Vergangenheit überzeugt zu werden. An der aktuell laufenden Debatte über Fleischverzicht und Fleischkonsum hatte ich aber eigentlich kein Interesse. Veganer und der eine oder andere schon fast altmodisch anmutende Vegetarier tauchten in meinem recht heterogenen Umfeld ebenso auf wie European-Martial-Arts-Enthusiasten oder Star-Trek-Fans: als eine weitere Kategorie all der liebenswerten und schrägen Nerds, mit denen ich meine Zeit verbringe. Es wäre also vielleicht nie dazu gekommen, wenn ich im Internet nicht ausgerechnet in einem anthropologischen Forum eine Diskussion entdeckt hätte, die mich stutzig werden ließ: „Being vegan in the field" (Vegan im Feld) war der unscheinbare Titel.

Angehende vegan lebende Feldforscher diskutierten dort, wie sie damit umgehen sollten, wenn ihnen bei Forschungsexkursionen von Einheimischen Fleisch zum Essen angeboten werden würde. Es herrschte weitgehend Konsens, dass man zu allem Möglichen bereit wäre, aber Fleisch würde man unter keinen Umständen essen. Als darauf mit der treuherzigen Versicherung geantwortet wurde, dass es in den meisten Forschungsfeldern ohnehin zahlreiche fleischlose Alternativen gäbe und

„die Leute dort selber oft kaum Fleisch essen", war mir klar, dass ich da auf etwas gestoßen war.

Um zu verstehen, warum mich die Posts so sehr befremdeten, muss man wissen, was Kultur- und Sozialanthropologen tun und was ihr Selbstverständnis ist. Die Kultur- und Sozialanthropologie – weiland „Völkerkunde" – hat sich jahrzehntelang ehrlich bemüht, ihre Wurzeln als, wenn nicht Handlangerin, so doch Nutznießerin des Kolonialismus abzulegen. Eine ganze Generation von in erster Linie amerikanischen Ethnologen und vor allem Ethnologinnen, darunter viele SchülerInnen des berühmten Ethnologen Franz Boas, bemühten sich ihr Leben lang, die „Wissenschaft vom Menschen" zu einer Speerspitze im Kampf um die „unity of the human mind" (die „Einheit des Menschlichen Geistes" könnte man unzureichend übersetzen) zu machen. Das bedeutet, sie waren der Überzeugung, dass bei allem, was uns Menschen an kulturellen Unterschieden auszeichnet, all diese wunderbare Vielfalt auf einer gemeinsamen, zutiefst menschlichen Basis des Denkens, Fühlens und am Ende Menschseins aufbaut.

Methodisch wurden sie von dem Prinzip geleitet, nicht allein den Anderen zu beobachten, sondern durch teilnehmende Beobachtung die Distanz und das damit oft verbundene Gefälle zu den Menschen zu vermindern, deren Kultur und Lebensrealität man erforschen möchte. Das ultimative Ziel stellte dabei die Selbstreflexion der eigenen, westlichen, bürgerlichen Kultur dar. Ruth Benedict, die Begründerin der kulturvergleichenden Anthropologie, formulierte es folgendermaßen in ihrem Buch *Urformen der Kultur*: „Zum notwendigen Verständnis unserer eigenen, kulturellen Prozesse gelangen wir am ökonomischsten auf einem Umweg." Schon dieser Generation, die in den 1930er-Jahren studierte und bis in die ersten Nachkriegsjahrzehnte forschte, war klar, dass sie gegen die Zeit arbeitete; dass die Alternativen zur westlichen Lebensweise zunehmend rascher verschwanden und dieser Umweg bald für immer verschlossen sein könnte.

Dennoch wurden Generationen von Anthropologen in „Teilnehmender Beobachtung" geschult und machten die anthropologische Feldforschung zu einem Abenteuer der Unbequemlichkeiten. Ethnologen haben bei dem Versuch, sich in die Kultur ihrer Gastgeber einzufügen, so gut wie alles geraucht, was Gott verboten hat, unter Bedingungen gelebt, die sie ihren Müttern daheim nie schildern dürften, Risiken auf sich genommen und Bedingungen getrotzt, mit denen man ganze Programmplätze im Männerfernsehen füllen könnte, und so gut wie alles gegessen und schlimmstenfalls wieder irgendwo im Busch von sich gegeben, was irgendwelche Menschen irgendwo auf der Welt für mehr oder weniger genießbar halten. All das haben Generationen von Feldforschern nicht nur auf sich genommen, um an wertvolle ethnographische Daten heranzukommen, sondern auch, weil man es als Ehrensache und Ausdruck des Respekts gegenüber den Menschen verstand, an deren Leben man teilhaben durfte, mit ihnen in derselben Hütte zu schlafen, von denselben Mücken gepeinigt zu werden und denselben Fraß hinunterzuwürgen oder mit ihnen zu hungern, wenn es nicht genug davon gab.

Was Ethnologen um jeden Preis – in Erinnerung an die unrühmliche Vergangenheit des Faches – vermeiden wollten, war das Bild des weißen Forschers, der bei den Indigenen erscheint und sie rasch beforscht, ehe er wieder in den Komfort der Zivilisation – oder deren lokaler Enklave – entschwindet, die nicht selten überhaupt erst durch die Ausbeutung der beforschten Menschen errichtet worden waren. Wenn jemand bereit war, an die gottverlassensten Orte der Welt zu reisen und dort mit den Einheimischen seltsame Pilze zu probieren, aber nicht bereit war, die sprichwörtlichen gekochten Schafaugen zu essen, dann hatte diese Sache mit der Fleischverweigerung offenbar mehr Bedeutung für manche Leute, als ich es jemals vermutet hätte.

Nachdem ich kurz zuvor meinen Forschungsschwerpunkt als Historiker in die Sozialanthropologie verlagert hatte, schlugen beim Lesen des Online-Forums meine gerade anthropologisch geschulten Sensoren an. Denn Tabus machen den Forscher neugierig. Dort liegen die wirklich kritischen Hinweise auf die Mentalität einer Kultur. Offensichtlich konnten sich diese angehenden Forscher so wenig in die Lebensrealitäten ihrer Gastkulturen hineinversetzen, dass sie deren reduzierten Fleischverzehr nicht als Mangel, sondern als „fleischlose Alternative" begriffen, wie man sie auf Speisekarten findet. Hier war etwas seltsam; „weird", wie man auf Englisch sagt.

Letztlich ist die Vergangenheit (auch nur) ein anderes Land, in dem die Dinge anders gemacht werden. Und dieses Land wird immer schneller immer exotischer. Mit zunehmender Geschwindigkeit entfernen wir *Weird (Western Educated Industrialized Rich & Democratic) People* uns seit geraumer Zeit von den Lebensrealitäten, welche das Dasein unserer eigenen Vorfahren und eines großen Teiles unserer heute lebenden Mitmenschen auf diesem Planeten bestimmt haben und häufig heute noch bestimmen. Der Weg zur kritischen Reflexion unserer gegenwärtigen Debatten über Fleischkonsum führt vielleicht auch am „ökonomischsten" über die uns heute fremd und exotisch erscheinenden Kulturen in unserer eigenen Vergangenheit, deren Traditionen und Überreste uns jedoch immer noch begleiten. Machen wir uns auf die Reise.

King Kong und der Killeraffe

Warum wir zu Fleischfressern wurden

Der Schrei, den die an einen Pfahl irgendwo im Dschungel gebundene Frau ausstößt, geht ins Mark. Es ist einer der ersten ikonischen Schreie der Tonfilmära, hervorgebracht von der Schauspielerin Fay Wray, einer „weißen" Frau. So betont es der deutsche Verleihtitel des 1933 produzierten Kinofilms *King Kong und die weiße Frau*. Auslöser ihres Schreies ist ein gewaltiger, schwarzer, in Stop-Motion animierter Gorilla, der aus dem Dickicht hervorbricht. Das Geschehen in Schwarz-Weiß verfehlte seinen Effekt auf das Publikum von 1933 nicht und schuf einen Klassiker des Horrorgenres. Ein noch von kolonialen Fantasien von einsamen Inseln voller Kannibalen und monströsen Tieren fasziniertes Publikum sah eine filmtrickgewordene Urangst auf das schützenswerteste aller „Güter" zustürmen; gierig nach Fleisch in der vollen Zweideutigkeit des Begriffes.

Tatsächlich war zu der Zeit, als der Film in die Kinos kam, die Vorstellung gängig, dass Gorillas Fleischfresser seien, die zudem Frauen entführten und vergewaltigten. Ersteres gründete auf dem damaligen Kenntnisstand der Wissenschaft: Um die Diät der riesigen Affen zu beurteilen, konnten sich die westlichen Zoologen einzig und allein auf das beeindruckende Gebiss der Primaten stützen, denn von deren tatsächlichem Leben in freier Wildbahn in meist unzugänglichen Regionen des ‚Dunklen Kontinents' hatte man eigentlich keine Ahnung. Zweiteres war auch schon in ihrer Heimat Afrika ein verbreiteter Aberglaube gewesen, den die weißen Kolonialherren unhinterfragt aufgenommen hatten. In beiden Fällen schloss der Homo sapiens, wie wir heute wissen, eindeutig von sich auf seine evolutionären Verwandten. Für ihn war es schwer vorstellbar, dass ein so großes, starkes und von sonstigen maskulinen Attributen nur so strotzendes Tier nicht ebenso von der

Gier nach Fleisch verzehrt sein könnte wie er selbst: Wie der Schelm ist, so denkt er.

In Wirklichkeit verhält es sich natürlich anders: Der äußere Anschein trügt und unser evolutionäres Umfeld unter den Primaten stellt sich anders dar, als man lange Zeit vermutet hat. Gerade deswegen ist dies aber der geeignete Ausgangspunkt, um unsere Reise durch die Geschichte unserer Faszination vom Fleisch zu beginnen – und vielleicht unterwegs auch die Antwort zu finden, warum der Monsteraffe King Kong sich erfolgreich so tief in unser kollektives kulturelles Unterbewusstes einnisten konnte; vielleicht – Spoiler! – weil er schon immer da war.

Aus der langen evolutionären Vorgeschichte unserer Spezies sind unsere Vorfahren mit einer biologischen Ausstattung hervorgegangen, welche prinzipiell die Möglichkeit beinhaltet, Fleisch zu konsumieren. Dies manifestiert sich unter anderem in einem aus Schneide-, Eck- und Mahlzähnen bestehenden Gebiss. Damit sind wir unter den großen Primaten – unseren nächsten biologischen Anverwandten – prinzipiell keine Ausnahme, aber trotzdem schlagen wir, vor allem was die Proportionalität unseres Fleischkonsums betrifft, doch irgendwie aus der Art.

Unsere entferntesten Vettern, die mächtigen Gorillas, von denen schon die Rede war, sind tatsächlich so gut wie ausschließlich Pflanzenfresser. Nur manchmal gönnen sie sich einen proteinreichen Snack aus Ameisen- und Termitenlarven, wenn sie das Glück haben, einen aufgebrochenen Termitenhügel vorzufinden, oder sich selbst die Mühe machen, ihre beträchtlichen Körperkräfte gegen den betonharten Bau einzusetzen. Ansonsten kann man sie die meiste Zeit dabei beobachten, wie sie sich gelassen und behäbig durch rund 20 Kilogramm Grünzeug pro Tag mampfen. Aufgrund ihrer Körpergröße und der wenig effektiven Kalorienzufuhr durch Blätter, Sprossen und Früchte bleibt ihnen diesbezüglich keine andere Wahl. Gorillas besitzen nicht die metabolischen Vorteile von Wiederkäuern und bewegen sich somit wie andere große Säuger mit derselben Diät auf einem schmalen Grat zwischen einem zwar reichlichen Angebot an Grünzeug, aber dessen geringer Energieeffizienz. Daher bleibt ihnen neben dem Futtern wenig Zeit für anderes.

Die majestätische Ruhe und Gelassenheit, wie wir sie aus Filmen wie *Gorillas im Nebel* kennen, und die in einem so eigenartigen Kontrast zu der beeindruckenden Gestalt der Tiere und dem gänzlich unverdienten Ruf vom brusttrommelnden King Kong steht, ist also eine Folge ihrer Ernährung und der damit verbundenen Notwendigkeit, mehr oder weniger die ganze Zeit Pflanzenkost zu finden, zu konsumieren und zu verdauen. Dies führt dazu, dass sie die mühsam aufgenommene Energie möglichst sparsam einsetzen. Selbst das Brusttrommeln, nebenbei bemerkt, ist eine energiesparendere Demonstration dominanter Maskulinität als sich zu prügeln.

Bei den kleineren, aber immer noch beeindruckend massigen Orang-Utans dagegen besteht die Diät bereits zu 90 Prozent aus Früchten, einer weitaus effektiveren Energiequelle. Auch unsere quirligeren nächsten Verwandten, die Schimpansen und Bonobos, decken einen Großteil ihres Kalorienbedarfs durch zuckerhaltige Früchte. Feigen sind dabei ihre absoluten Lieblinge und machen je nach Region und Jahreszeit bis zur Hälfte der Nahrung aus, gefolgt von Mangos, Bananen, Wassermelonen, Äpfeln, Nüssen und Samen und – wenn ihnen nichts anderes übrig bleibt – Blüten und Blätter oder notfalls Baumrinde.

Die große Entdeckung der berühmten Primatenforscherin Jane Goodall war aber, dass Schimpansen bis zu vier Prozent ihrer Diät abdecken, indem sie aktiv und mit beträchtlichem Erfindungsreichtum Insekten verspeisen. Die ersten Beispiele für Werkzeuggebrauch bei Schimpansen hängen mit dem Konsum von Termiten zusammen: 1960 beobachtete Jane Goodall im Gombe-Nationalpark in Tansania, wie Schimpansen Grashalme und Zweige verwendeten, um Termiten aus einem Loch im Termitenbau zu fischen. Bis dahin war man davon ausgegangen, dass Schimpansen reine Pflanzenfresser seien, und hatte dementsprechend Generationen von in Gefangenschaft lebenden Zoo- und Zirkusaffen unwissentlich eine artgerechte Ernährung vorenthalten.

Diese auf Unkenntnis beruhende falsche Fütterung beweist indes, dass Primaten kein tierisches Protein und Fett brauchen, um zu gedeihen, auch wenn sie es in der freien Natur offenbar aus verschiedenen Gründen durchaus konsumieren. Diese Erkenntnis lässt sich im Übrigen, wie wir später sehen werden, auch auf Menschen und ihre hominiden Vorfahren umlegen – zwar unterschiedlich gut, je nachdem, ob sie sich rein pflanzlich ernähren oder mehr oder weniger tierische Nahrung zu sich nehmen, aber sie gedeihen in beiden Fällen.

Seit Jane Goodalls Entdeckung hat man nicht nur dahingehend dazugelernt. Man konnte auch beobachten, dass unsere nächsten Verwandten unter den lebenden Primaten zur Gewinnung jener Nahrungsmittel am meisten Gebrauch von ihrem Gehirn machen, bei denen die Ausbeute an hochwertigen und hochenergetischen Nahrungsbestandteilen wie Fette und Proteine beziehungsweise Zucker am größten ist. Um ein Blatt von einem Baum zu zupfen, reicht es, die Hand auszustrecken. Früchte fallen einem manchmal direkt in den Schoß oder es bedarf keiner größeren Anstrengung als sie aufzusammeln oder abzupflücken. Wenn man hingegen die harte Schale einer Nuss knacken will, benötigt man zumindest rohe Gewalt und etwas Grobmotorik mithilfe eines Steins oder Astes. Will man an süßen Honig herankommen, reicht manchmal ein heftiger Schlag gegen den Bienenstock, doch ist Behutsamkeit und Vorbedacht als weniger schmerzhafte Herangehensweise ratsam. Zumindest ist rasche Reaktion gefragt, wenn die zornigen Insekten nach dem Angriff ausschwärmen. Will man aber an proteinreiche Termiten heran, kommt das Affenhirn richtig zur Geltung: Zuerst muss es einen in die verfügbare Öffnung passenden, hinreichend langen Zweig identifizieren und anschließend die feine Motorik steuern, um diesen in die Öffnung einzufädeln, mit der wertvollen Fracht behutsam wieder herauszuziehen und zum Mund zu führen.

Wenn Schimpansen auf die Jagd gehen, muss das mit wertvollen Proteinen und Fetten aufgebaute und mit einer Menge Energie am Laufen gehaltene Denkorgan sogar noch mehr leisten. Auch hier durchbrach Jane Goodall den herrschenden Konsens der Primatenforschung, indem sie beobachten und nachweisen konnte, dass Schimpansen nicht nur die Nester von Vögel plündern, um an Eier heranzukommen (Eier sind eine extrem effektive Nahrungsquelle, beinhalten sie doch *by design* alles an Fetten, Proteinen und Spurenelementen – die wesentlichen Bausteinen jedes Lebewesens –, um ein solches *en miniature* herzustellen), sondern Schimpansen jagen auch kleine Tiere und sogar kleinere Affenarten. Man kann sich nicht vorstellen, wie revolutionär diese Entdeckung seinerzeit war und wie vorsichtig sich die Wissenschaft an diese neue Erkenntnis herantastete. Schließlich warf sie einiges an großartigen Theorien über die Alleinstellung der menschlichen Spezies über den Haufen, welche zu dieser Zeit kursierten.

Am Anfang dieser revolutionären Entdeckung hatte gestanden, dass Jane Goodall zufällig bemerkte, wie ein männlicher Schimpanse, den sie David Greybeard nannte, zusammen mit einem erwachsenen Weibchen und einem jugendlichen Affen etwas verzehrte, von dem sie staunend feststellte, dass es sich offenbar um ein junges Buschschwein handelte. Zuerst erwog sie noch die Möglichkeit, dass die Affen lediglich einen Kadaver entdeckt und das beste aus der Situation gemacht hatten, doch wenig später sah sie, wie Schimpansen einen Roten Stummelaffen töteten und verspeisten.

Bei dieser Gelegenheit entdeckte sie noch etwas weitaus Erstaunlicheres, das richtungsweisend war für die Primatenforschung und damit auch die Erforschung unserer eigenen evolutionären Voraussetzungen als Fleischesser: Jagd ist ein gemeinschaftlicher Prozess, der ein hohes Maß an Koordination in der Gruppe erfordert und zusätzlich zur Schaffung von sozialen Beziehungen durch die anschließende Verteilung der Beute beiträgt. Was Jane Goodall beobachtete, war eine Gruppe von – vorwiegend männlichen – Schimpansen, die koordiniert vorgingen, die Beute einkreisten, ihr alle Fluchtwege abschnitten und dann zuschlugen. All das erfordert mehr Koordination und dazu Kommunikation als irgendeine andere Aktivität der Affenhorde – mit einer Ausnahme: Überfälle auf andere Schimpansengruppen.

Nach der erfolgreichen Tötung des kleineren Affen durch ein Gruppenmitglied der Schimpansen „bedienten" sich die anderen an der Jagd Beteiligten einfach an dem Kadaver, indem sie sich ein saftiges Glied abrissen. Die weitaus bedeutsamere Entdeckung war jedoch die, dass die erfolgreichen Jäger ihre Beute mit nicht an der Jagd beteiligten Mitgliedern der Gruppe teilten, wenn diese durch entsprechendes Bittverhalten danach verlangten. Jetzt muss man wissen, dass gerade männliche Schimpansen – etwas anders als die sozialeren und berüchtigt libertinistischen Bonobos – ziemliche Egoisten und brutale Patriarchen sind. Sie machen kaum jemals etwas, was ihnen nicht unmittelbar selbst nützt, und halten die Hierarchie in der Gruppe durch Dominanzverhalten und gnadenlose Gewalt gegen Weibchen, Jungen und schwächere Männchen aufrecht.

Doch selbst diese Paradeegomanen unter den Primaten haben kaum eine Chance, allein bei der Jagd erfolgreich zu sein. Und sie geben – über das wohl unvermeidbare Teilen mit ihren Jagdgenossen hinaus – dem Begehren anderer, ihnen nahestehender Gruppenmitglieder nach, ein Stück von der Beute abzubekommen. Ganz uneigennützig dürfte dieses Verhalten jedoch nicht sein, wie eine Forschergruppe um Cristina Gomes vom Max-Planck-Institut für evolutionäre Anthropologie herausgefunden hat: So steigt nachweislich die Chance eines Schimpansenmännchens, mit einem Weibchen Sex zu haben, wenn es sie vorher zum Essen einlädt.

Begehrt ist das Fleisch nämlich auch bei den Weibchen, die selbst interessanterweise seltener jagen. Denn wenn es auch nur etwa zwei Prozent des Gewichts der aufgenommenen Nahrung von Schimpansen ausmacht, haben es diese in sich. Das Fleisch liefert wertvolle Proteine, Fette, Metalle und andere

Spurenelemente in Kombination mit einem effektiven Energieschub, sodass die Mühe der Jagd und die soziale Investition in das Teilen der Beute und den anschließenden Koitus sich trotzdem noch lohnt.

Machen wir uns nichts vor: Die Evolution ist eine eiskalte Kosten-Nutzen-Optimiererin. Luxus ist der Fleischkonsum bei Primaten – und bei unseren hominiden Vorfahren – niemals. Dafür ist in der Biologie kein Platz. Die leistet sich Luxus und Verschwendung nur bei der anderen evolutionär relevanten Aktivität jedes Organismus: bei der Fortpflanzung. Bei der Energie- und Ressourcenbilanz des lebenden Tiers steht die Effizienz an erster Stelle, also die Frage, wie man am energieeffizientesten an die notwendigen Ressourcen herankommt. Das bringt uns noch einmal zurück zum Gehirn. Der Anthropologe und Primatenforscher Ian Gilby von der Arizona State University hat herausgefunden, dass erfolgreiche Jäger unter den Schimpansen bevorzugt das Gehirn ihrer Beutetiere konsumieren. Gilby vermutet, dass die Affen es darauf abgesehen haben, weil das Gehirn all das gute Zeug – vor allem langkettige Fettmoleküle – in Übermaß enthält und somit ihrer eigenen Hirnentwicklung dienlich ist.

Zum Jagen, fassen wir also zusammen, braucht es ein gut funktionierendes Gehirn. Erfolgreiche Jagd liefert wiederum effektiv jene Substanzen, aus denen man ein solches baut. Jäger, die gleichzeitig Primaten sind – und keine mit Zähnen und Klauen bewährten, massigen Raubtiere –, brauchen dieses Gehirn aber nicht in erster Linie, um ihre Beute besser zu überwältigen, sondern um sich mit anderen Primaten zu koordinieren. Es ist die soziale Kompetenz, die den erfolgreich jagenden Primaten ausmacht. Und erfolgreiche Jagd führt zur Verdichtung sozialer Beziehungen innerhalb der Primatengruppe, da durch die Jagdbeute eine wertvolle Nahrungsressource punktuell zugänglich wird, die so etwas wie Verteilung überhaupt erst notwendig macht.

Schimpansen, so zeigt eine weitere Studie von Cristina Gomes und Christophe Boesch, teilen eigentlich nur Fleisch. Andere Nahrungsmittel werden kaum jemals geteilt, und wenn, dann vorzugsweise zwischen Mutter und Kind. Die gesamte „Ökonomie" der von Gomes und Boesch beobachteten Schimpansengruppen beruht auf einer überschaubaren Anzahl von Dingen, die in einem auf lange Frist fairen System ausgetauscht werden: Zuwendung (vor allem durch gegenseitiges Putzen und Lausen), Beistand in Konflikten, Fleisch und Sex. Dadurch wird deutlich, dass der Fleischkonsum an etwas ganz Grundlegendem und Urtümlichen in unserem Affenhirn rührt. Er ist untrennbar mit den anderen wirklich wichtigen Dingen verknüpft: Freundschaft und Liebe. Gleichzeitig sind unsere urtümlichsten Ängste mit im Spiel, nämlich Blut und Tod. Was wundert es da noch, dass kein Nahrungsmittel unserer Spezies durch die gesamte Kulturgeschichte hindurch mit so viel Leidenschaft diskutiert wurde wie das Fleisch? King Kong ist unser eigener, innerer Affe.

Das vermeintliche Böse

Dieser King Kong in uns, so sah es zumindest der Amerikaner Robert Ardrey, war ein Killeraffe. Ardrey verband noch etwas anderes mit King Kong: Sie kamen beide aus Hollywood, wo Ardrey seit den 1930er-Jahren als Drehbuchautor gearbeitet hatte, ehe er – von der Traumfabrik zunehmend desillusioniert – in den 1950er-Jahren zu seinen akademischen Wurzeln zurückkehrte. 1966 schrieb er immerhin noch das Drehbuch für *Khartoum*, verfilmt mit Charlton Heston; kein Zufall vielleicht, hatte ihn sein Lebensweg und sein Interesse an der Menschheitsentstehung doch bereits 1955 nach Ostafrika gebracht. Dort hatte er die Gelegenheit erhalten, den damals neuesten Theorien über den *Australopithecus africanus*, einen unserer frühesten Vorfahren, nachzugehen. Bei diesen Recherchen kam er mit dem australischen Anatomen Raymond Arthur Dart in Kontakt, der 1953 in der Fachzeitschrift *International Anthropological and Linguistic Review* einen Artikel mit dem Titel „The Predatory Transition from Ape to Man" (Über den räuberischen Übergang vom Affen zum Menschen) veröffentlicht hatte. Ardrey traf Dart in Südafrika, wo ihm der Gelehrte seine Sammlung von über 5.000 Fossilien aus der Makapan-Höhle zeigte. Dart vermutete, dass die zahlreichen großen Knochen aus der Höhle in erster Linie als Waffen gebraucht wurden. Er nahm an, dass die Australopithecinen als erste Spezies Waffen zur Jagd verwendeten. Davon wiederum leitete er die Hypothese ab, dass der Waffengebrauch für die Jagd zur Entwicklung größerer Gehirne bei den unmittelbaren Vorfahren des Menschen beigetragen hat. Ardreys Interesse war geweckt und seine zweite und weitaus einflussreichere Karriere als wissenschaftlicher Autor nahm ihren Anfang.

Fast zeitgleich mit, aber in Unkenntnis von Jane Goodalls Entdeckungen in Afrika veröffentlichte er 1961 *African Genesis*. Mit diesem Buch legte er nicht nur eines der über lange Zeit populärsten Werke über Paläanthropologie und die Out-of-Africa-Hypothese der Menschheitsentstehung vor, sondern machte auch die Theorie weithin bekannt, dass unsere Vorfahren sich vor allem darin von den anderen Primaten unterschieden, dass sie aggressiver waren, bessere Waffen schufen und daher zu erfolgreicheren Jägern wurden. Ardrey popularisierte damit eine verhängnisvolle Vermengung von Menschheitsevolution, Jagd, Fleischkonsum, Maskulinität, Aggression, Krieg und Verbrechen. Diese konnte sich unter anderem deswegen so lange und so erfolgreich halten, weil sie so perfekt den kulturellen Stereotypen entsprach, an denen sich schon King Kong erfolgreich an die Spitze hinaufgehangelt hatte.

Auch der österreichische Verhaltensforscher und Nobelpreisträger Konrad Lorenz entwickelte in seinem 1963 veröffentlichten Werk *Das sogenannte Böse. Zur Naturgeschichte der Aggression* ähnliche Überlegungen und erhielt dafür höchste akademische Weihen. International war *African Genesis* jedoch eindeutig das bedeutsamere Werk und umso wirkungsmächtiger, als Ardrey noch drei weitere Bücher folgen ließ, die in dasselbe Horn stießen: 1966 erschien *The Territorial Imperative*, 1970 *The Social Contract* und 1976 *The Hunting Hypothesis*. Gemeinsam machten sie eine These zur Entstehung des menschlichen Sonderweges in der Gruppe der Primaten populär, welche ausgerechnet das Zerrbild eines Gorillas zum Ursprung und Grund der Entwicklung des Gehirns der Vormenschen und damit der menschlichen Intelligenz und aller von ihr abhängigen kulturellen Leistungen machte. Darüber hinaus versuchte sie auch noch die Basis des menschlichen Sozialverhaltens und die dunkelsten Abgründe der menschlichen Psyche durch diesen Killeraffen zu erklären, und wollte daraus die Ursachen für die schlimmsten Untaten von Mensch gegen Mensch ableiten. Aldreys Werk war enorm populär. Es soll eine ganze Generation von Paläoanthropologen dazu gebracht haben, sich diesem Fach zuzuwenden, und brachte am Ende den Killeraffen wieder zurück auf die Leinwand, wo er seinen Weg begonnen hatte:

Zu den Klängen von Richard Strauss' *Also sprach Zarathustra* – ausgerechnet der Vertonung eines der meist missverstandenen Werke des meist fehlinterpretierten deutschen Philosophen – zerteppert ein Schauspieler im schwarzfelligen Affenkostüm zu Beginn von Stanley Kubricks Film *2001: Odyssee im Weltraum* (1968) den Schädel eines Tapirs. Kurz danach sieht man die ganze Prähominidenhorde fröhlich Fleisch fressen, während die unergründliche und überlegene außerirdische Intelligenz in Gestalt des schwarzen Monolithen weiterzieht, nachdem ihr Werk, die Schaffung intelligenten Lebens aus dem Geiste der Gewalt, getan ist.

Kubrick war ein großer Fan von Ardrey und fügte die Szene extra in das auf Kurzgeschichten von Arthur C. Clarke basierende Drehbuch ein, aus dem sie dann den Weg in die Romanfassung und durch die Leinwand in einen der bedeutendsten Science-Fiction-Filme des Jahrzehnts – und wohl aller Zeiten – fand. Es war 1968 und damit eigentlich Zeit für einen revolutionären Umbruch gewesen. In der Zwischenzeit hatten Jane Goodalls Erkenntnisse über die Jagd bei Schimpansen es ebenfalls an die wissenschaftliche Öffentlichkeit geschafft. Diese wären dazu angetan gewesen, einen der beiden Eckpfeiler der Killeraffen-Theorie umzustürzen: Wenn auch Schimpansen, unsere nächsten lebenden Verwandten unter den Primaten, Jäger waren und infolgedessen derselbe Mechanismus der Gehirnentwicklung bei ihnen zum Tragen hätte kommen müssen; und wenn sie weiterhin eindeutig Werkzeuge gebrauchten, also auch darin den Australopithecinen in nichts nachstanden, warum beobachtete dann eine menschliche Primatenforscherin Schimpansen, und nicht eine schimpansische Primatenforscherin Menschen? Unter dem Eindruck dieser Evidenzlage konnte die Jagd als technische Fertigkeit und der reichliche Verzehr von tierischen Proteinen und Fetten eigentlich nicht länger als hinreichende Ursache für den Sonderweg der Hominiden behauptet werden.

Indes muss man Ardrey zugutehalten, dass er seine Hypothese laufend verfeinerte. In *The Hunting Hypothesis* war aus der Killeraffen-Hypothese, wie der Titel schon andeutete, die Jagdhypothese geworden, die nun schon um einiges komplexer war. An der primären Argumentation hatte sich zwar nichts geändert, weiterhin blieb die Entwicklung von Jagdwaffen und der Gebrauch des Feuers als Stimulus und der reichliche Nachschub an Fleisch mit seinen Vorteilen für die Hirnentwicklung der Kern des Arguments. Hatte man jedoch ursprünglich die Bedeutung der Jagd für die Ernährung der frühen Hominiden allein aufgrund der Überreste an den afrikanischen Fundplätzen postuliert – die sich später als bedauerlicher Irrtum erweisen sollte, aber das tat nichts mehr zur Sache –, so waren inzwischen ethnologische und physiologische Argumente hinzugekommen, um dies zu stützen.

1966 fand in Chicago unter dem vielsagenden Titel *Man the Hunter* eine der bedeutendsten ethnologischen Konferenzen zur Forschung an noch existierenden Sammler- und Jägergesellschaften statt. Nicht zuletzt unter dem Eindruck der paläoanthropologischen Forschung hatte das Interesse an heutigen Sammlern und Jägern in der „Völkerkunde" einen massiven Aufwind erfahren und die Ergebnisse waren beachtlich: Sammler- und Jägergruppen, die zum Zeitpunkt der Konferenz noch in ihrer angestammten Lebensweise untersucht werden konnten, wie etwa die !Kung (bekannt auch als „Buschleute") in der Kalahari Wüste oder die Aka Pygmäen in der Zentralafrikanischen Republik – Menschengruppen also, deren natürliche Umwelt der unserer hominiden Vorfahren und unserer Primatencousins relativ nahe kam –, bezogen je nach Jahreszeit zwischen 40 und 90 Prozent ihrer Nahrung aus der Jagd. Im Vergleich zu Schimpansen also ein signifikanter Unterschied, der sich nicht wegdiskutieren ließ.

Ja, Schimpansen jagten auch, aber Menschen jagten so viel mehr, dass das Gesetz von Quantität und Qualität – dass also aus einer starken Mengensteigerung irgendwann eine neue Situation mit neuen Gesetzmäßigkeiten entsteht – als Erklärung dafür ins Spiel kam, warum Menschen Affen in Käfigen halten und nicht umgekehrt. (*Planet der Affen*, nebenbei bemerkt, der genau diese Frage stellte, kam auch 1968 in die Kinos. Wieder dabei: Charlton Heston.)

Physiologisch war inzwischen, wie der amerikanische evolutionäre Psychologe David Buss es in seinem Buch *Evolutionary Psychology. The New Science of the Mind* zusammenfasst, entdeckt worden, dass das Verhältnis zwischen Dick- und Dünndarm bei Menschen anders ist als bei den großen Primaten, die sich zu einem größeren Teil von schwer aufzuschließender, zellulosereicher Pflanzennahrung ernähren. Der menschliche Verdauungstrakt besteht hauptsächlich aus dem Dünndarm, welcher zur schnellen Aufschließung von Proteinen geeignet ist. Daher findet man beispielsweise auch für Menschen, die sich vornehmlich pflanzlich ernähren, Websites, auf denen erklärt wird, wie man die „vegan constipation" (vegane Verstopfung) in den Griff bekommen kann.

Aus evolutionärer Perspektive bewies dies, dass – wenn schon nicht das menschliche Gehirn – so doch zumindest die Entwicklung der menschlichen Eingeweide maßgeblich durch den Verzehr einer proteinreichen Diät beeinflusst worden war, oder zumindest durch eine Diät, in der ein großer Teil der Nahrung durch Garen auf dem Feuer „vorverdaut" war. Dazu passt auch, dass der Zahnschmelz menschlicher Zähne vergleichsweise dünn ist und sich die Kaumuskulatur und ihre entsprechenden Ansätze auf dem Schädelknochen im Laufe der Evolution der Hominiden zunehmend zurückbildeten. Im Vergleich zu unseren Affencousins haben wir kleine und brüchige Zähnchen und einen schwachen Biss. Ob all dies, wie gesagt, in erster Linie auf eine fleischlastige Ernährung unserer Ahnen hinweist, oder doch nur ein Effekt der Verwendung des Feuers zum Kochen ist, lässt sich nicht eindeutig entscheiden.

Was die Jagd aus uns machte

Im Vergleich zur kruderen Hypothese der Killeraffen vermochte die Jagdhypothese – und das machte sie für das in den 1990er-Jahren rasch expandierende Feld der evolutionären Psychologie so attraktiv – verschiedene andere fundamentale

Eigenheiten der menschlichen Psyche und Gemeinschaft zu erklären. Sie setzte damit die Tradition fort, die Jagd – und damit den Fleischverzehr – zu einem formativen Feature der Menschheitsentwicklung zu machen. Weil wir Fleisch aßen und begannen zu jagen, wurden wir – und das betrifft interessanterweise wieder einmal in erster Linie die Männchen der Spezies – zu noch viel mehr: zu Vätern, zu Bros, zu Gebern, zu Angebern und am Ende zu Männern.

Die wichtige Rolle der Jagd in der Nahrungsbeschaffung der frühen Hominiden führte nach Ansicht der Vertreter der Jagdhypothese dazu, dass sich menschliche Männchen – sehr im Unterschied zu ihren Schimpansen-, Bonobo-, Gorilla- und Orang-Utan-Cousins – vermehrt um ihren Nachwuchs kümmerten. Denn Fleisch ist eine hochwertige Nahrungsressource, die man zu den Jungen nach Hause bringen kann, während sich der Transport energieärmerer und weniger gehaltvoller Nahrung einfach nicht lohnt. Weil die Jagd so eine wichtige Rolle in der menschlichen Nahrungsbeschaffung spielte, waren diejenigen Menschengruppen am erfolgreichsten, die es schafften – ebenfalls im Unterschied zu ihren Primatencousins – dauerhaft in Gruppen effektiv zu agieren, in denen man sich, im Unterschied zu den kaltherzig kalkulierenden Schimpansenegomanen, von denen oben schon die Rede war, auf seine Kumpels verlassen konnte. Weil Fleisch schnell verdirbt und das Jagdglück des Einzelnen mehr vom Zufall abhängt als der Erfolg beim Sammeln von Nahrung, ist eine auf Jagd basierende Ernährungsweise auch ein Antrieb, die Beute zu teilen. Weil es sein kann, dass ich heute viel erbeute, morgen aber leer ausgehe, ist es klug, heute zu teilen, um morgen was von der Beute des anderen abzubekommen.

Das Teilen der Beute und die daraus resultierenden Austauschbeziehungen legt, noch viel mehr als schon bei den Schimpansen beschrieben, die Grundlage für ein dichtes Netz von sozialen Interaktionen. Menschen, so die Schlussfolgerung, entwickelten sich viel stärker als Schimpansen oder Gorillas zu Gemeinschaftswesen, weil sie ein ausgeprägteres Jagdverhalten an den Tag legten. Sie wurden – zumindest die Männchen unter ihnen – auch zu furchtbaren Angebern, weil – so zumindest eine These – es nicht immer möglich ist, eine fette Beute allein, mit den eigenen Angehörigen oder anderen an der Jagd beteiligten Männern zu verzehren, bevor sie vergammelt. In solch einem Fall werden gerne auch attraktive Hominidinnen aus dem weiteren Gruppenkreis eingeladen, die sich das gerne gefallen lassen.

Die Angeberhypothese (show-off hypothesis) rückt übrigens einen häufigen Irrtum zurecht, der sich – sozusagen als Konzession an traditionelle Familienbilder – immer noch in der evolutionären Psychologie wiederfindet, die ansonsten recht unverhohlen den Fortpflanzungserfolg ins Zentrum der Betrachtung rückt. Entgegen der gängigen Annahmen ist der erfolgreiche Jäger nicht in erster Linie attraktiv, weil er ein guter Versorger ist. Das wird durch das Teilen in der Gruppe – bei Menschen noch mehr als bei Primaten – ausgehebelt. Die eigenen Kinder und deren Mütter erhalten nicht mehr als andere. Der Jäger ist attraktiv, weil durch ihn alle Weibchen öfter an Fleisch kommen. Vieles an den weiblichen Sexualstrategien unserer Spezies lässt sich damit erklären; unter anderem, warum die Sexualforschung konstant zu dem Ergebnis kommt, dass als dauerhafter Partner ein sanfter, witziger und fürsorglicher Mann bevorzugt wird, während die Hemmschwelle, ihn für einen Seitensprung mit einem Männchen zu betrügen, das mit Erfolgsmarkern um sich wirft, recht niedrig ist. Die Lust nach Fleisch ist schuld.

Die Rolle der Jagd als auffällige kulturelle Differenzierung zwischen den Geschlechtern geht aber noch tiefer. Jagen mit einem Säugling im Schlepptau – und die meisten Primaten und menschlichen Sammler- und Jägergesellschaften säugen ihre Kinder mehrere Jahre lang – ist nachvollziehbarerweise schwierig, denn die meisten Jagdtiere sind scheu und Babys haben eine Neigung, ihren Bedürfnissen lautstark Ausdruck zu verleihen. Daher jagen bei den Menschen und wohl auch bei den anderen Primaten in erster Linie die Männchen. Das erklärt, warum sich so gut wie alle Effekte der Jagdhypothese in erster Linie an ihnen und erst sekundär an der weiblichen Hälfte der Hominidenbevölkerung zeigen.

Der Killeraffe war indes nicht totzukriegen und überlebte auch erfolgreich den Paradigmenwechsel der gesellschaftlich akzeptablen Maskulinität nach der zweiten Emanzipationswelle nach 1968. Hatte man ihn anfangs weithin angenommen, weil er seinerzeit gesellschaftlich akzeptable evolutionspsychologische Begründung für den Mann, den Jäger, den aggressiven, dominanten Versorger lieferte, konnte er, als sich der Wind drehte, ebenso erfolgreich für eine feministische oder schon postfeministische Lesart herangezogen werden: 1997 veröffentlichten Richard Wrangham und Dale Peterson das Buch *Bruder Affe. Menschenaffen und die Ursprünge menschlicher Gewalt*. Darin argumentieren sie – ganz in der Tradition von Lorenz, Ardrey und Konsorten – rundheraus, dass Menschen und ihre engsten Verwandten (Schimpansen und Bonobos) ihren evolutionären Erfolg in erster Linie ihren gewalttätigen, jagenden Männchen zu verdanken hatten. Aus den patriarchalen Versorgern waren *Demonic Males* geworden.

Dass Wranghams und Petersons Beispiele für extrem gewalttätiges Verhalten mehrheitlich von patriarchalen Schimpansen stammten, welche mit den friedfertigen – weiblich geführten – Bonobos kontrastiert wurden, menschliches Verhalten aber gar nicht untersucht, sondern nur im Spannungsfeld zwischen den beiden Extremen verortet wurde, stellt nicht allein die größte Schwäche des Buches dar. Wie wir mittlerweile wissen, sind Menschen in der individuellen Gewaltanwendung nicht irgendwo zwischen Schimpansen und Bonobos, sondern signifikant unter beiden Spezies zu verorten. Jene Spezies, die also am meisten jagt und am meisten Fleisch isst, ist zugleich die friedfertigste von den dreien. Der sexuelle Dimorphismus, also der physische Unterschied zwischen großen, starken und aggressiven Männchen und den kleineren und schwächeren Weibchen, ist auch – mittlerweile wenig überraschend – ausgerechnet bei den Nachkommen des angeblichen Killeraffen am schwächsten ausgeprägt.

Die dämonischen Männchen sind den Weibchen beim Fleischesser Mensch physisch bei Weitem nicht so überlegen wie bei unseren mehrheitlich vegetarisch ernährten Cousins. Und wie Joseph Henrich ausführlich darlegt, sind wir von allen Primatenarten die freundlichste, friedlichste und kooperativste. Sein 2016 erschienenes Buch *Secret of our Success* beschäftigt sich aber trotzdem sehr viel mit der langen Zeit, die wir als Sammler und vor allem auch als Jäger verbracht haben. Unsere unleugbar stärkere Ausrichtung auf Fleisch als Nahrungsquelle hat uns tatsächlich zu dem gemacht, was wir sind; nur auf ganz andere Art, als es uns diejenigen glauben machen wollten, die uns die Illusion des Killeraffen vorgegaukelt haben.

Nimrods Äon

Unsere Vorgeschichte als Sammler und Jäger

Seit vor wenigen Jahren in einer marokkanischen Karsthöhle am Jebel Irhoud Skelettreste von Homo sapiens entdeckt wurden, die gut 100.000 Jahre älter sind als die ältesten bisher bekannten Fundstücke, hat sich unsere Vergangenheit als Spezies um die Hälfte verlängert. Demnach lebt der anatomisch moderne Mensch seit ungefähr 300.000 Jahren auf diesem Planeten, und grob 290.000 davon waren wir Sammler und Jäger. 97 Prozent unserer Existenz als Spezies sind wir (oder zumindest ein guter Teil von uns) hinter irgendwelchen Tieren hergelaufen, haben ihnen aufgelauert, sie in ihren Bauen in die Enge und über Klippen in einen tödlichen Sturz getrieben, sie mit Pfeilen beschossen, mit Speeren aufgespießt und mit Steinen beworfen. Wir haben gelernt mit unserer Beute Schritt zu halten, ihre Spuren zu entdecken und zu deuten; und ihre Lebensgewohnheiten genau studiert, um ihr Verhalten voraussagen zu können.

Anthropologen, welche bei den letzten heute noch existierenden Sammlern und Jägern forschen, wie der amerikanische Sprachwissenschaftler Daniel Everett bei den Pirahã im Amazonas, berichten, dass schon kleine Kinder ein umfangreiches Wissen über ihre Umwelt, die darin vorkommenden Tierarten und deren Lebensweise und Verhalten besitzen. Dieses Wissen schnappen sie nebenbei auf, denn wir Menschen haben uns angewöhnt, in der Gruppe über die Spuren von Tieren in unserer Umgebung zu diskutieren und unsere Reaktionen darauf so zu koordinieren, dass am Ende wir den Höhlenbären und nicht er uns fressen konnte.

Wir haben uns mit einer anderen Spezies, ebenfalls soziale Hetzjäger, die in Gruppen agieren, zusammengetan und uns gegenseitig gezähmt und erstaunlich viel voneinander gelernt. So gut wie jede Technologie, die wir in diesen 290.000 Jahren entwickelt haben – Feuer, Kürbisflaschen, Steinklingen, Speere, Speerschleudern, Harpunen und am Ende Pfeil und Bogen –, diente der Jagd oder der Verarbeitung von Jagdbeute. Eine der bedeutendsten Technologien, die uns die Erschließung der kälteren Lebensräume des die meiste Zeit über eiszeitlichen Planeten erlaubte, war Kleidung und die damit verbundene komplexe Technologie des Anmessens, Zuschneidens und Nähens. Sie war nur möglich durch die Verfügbarkeit von tierischen Häuten, Fellen, Knochen und Sehnen.

Das Sammeln ist die Mutter einer nicht zu unterschätzenden, frühen technologischen Innovation: der Erfindung von Gefäßen (aus Flechtwerk, natürlich vorkommenden Formen wie Kokosnüssen, Bambus oder Rinde), um größere Mengen an Früchten ins Lager zurückzubringen, als man mit zwei Händen tragen kann. Und in diesem Kontext entstanden auch die verschiedensten Techniken, um Pflanzen genießbar zu machen. Während das frische Fleisch von Tieren nämlich – von ganz wenigen Ausnahmen wie etwa der Leber von Eisbären abgesehen – ohne Bedenken genossen werden kann, sind erstaunlich viele Nahrungspflanzen in ihrer Naturform, und sogar in ihrer kultivierten Form, mehr oder weniger giftig.

Vom Verzehr der grünen Teile von Tomaten oder von grünen Kartoffeln wird regelmäßig abgeraten, Pilze fordern jedes Jahr in den mittleren Breiten ein paar Opfer und die Mehrheit der am weitesten verbreiteten Nahrungsmittelallergien beziehen sich auf pflanzliche Nahrungsbestandteile, wie ein rascher Blick auf die wohlbekannte Liste der vierzehn „EU-Allergene" zeigt. Manche Leute kann man mit einer Erdnuss umbringen, dagegen braucht man vergleichsweise viel Fleisch, um denselben Effekt zu erzielen. Muscheln und Schalentieren sind hier die unrühmlichen Ausnahmen. Zu den Erfindungen, die wir wohl den Sammlerinnen zuschreiben dürfen, gehörten also zahlreiche Methoden, diese mehr oder weniger giftigen Früchte und Knollen zuzubereiten und genießbar zu machen.

Joseph Henrich erzählt in seinem Buch mehrere warnende Beispiele, wie unsachgemäße Zubereitung von gängigen Nahrungspflanzen, wie etwa Maniok oder Nardoo, die aber zugewanderten Gruppen unbekannt waren, zum meist langsamen und elenden Ableben der Konsumenten führte. Dass also in vielen Kulturen das Symbol für die Weiblichkeit ein Gefäß, das der Männlichkeit ein Speer ist, hat nicht nur mit sexueller Metaphorik zu tun. Die bereits im vorhergehenden Kapitel angedeutete geschlechtliche Arbeitsteilung in Sammlerinnen und Jäger hat sich durch ein Äon tief in das kollektive Unterbewusste unserer Spezies eingeschrieben, vor allem auch, weil wir über diese lange Zeit kaum etwas anderes getan haben.

Jagen, Sammeln und die Herstellung der dafür benötigten Werkzeuge und Waffen sowie die Instandhaltung des Lagerplatzes, des Feuers und der Kleidung waren die Tätigkeiten, mit denen wir über 97 Prozent der Menschheitsgeschichte fast ausschließlich beschäftigt waren. Und das war nicht einmal eine sehr aufwändige Lebensweise. Entgegen der noch immer populären Vorstellung vom primitiven Steinzeitmenschen, der beständig auf der Suche nach Nahrung ein elendes Dasein in kalten Höhlen fristete, wissen wir seit dem epochalen Werk von Marshall Sahlins, dass die steinzeitliche Jäger- und Sammlergesellschaft die erste Überflussgesellschaft (*First Affluent Society*) war. Mit relativ geringem Arbeitsaufwand – circa vier Stunden pro Tag – fanden unsere Verfahren ihr Auskommen. Das war unter anderem dadurch möglich, dass fett- und energiereiche

Nahrung aus der Jagd einen wesentlichen Teil des frühmenschlichen Kalorienbedarfs deckte und man sonst recht energieschonend faul war. Unsere Vorfahren hatten daher sehr viel Zeit, sich mit dem zu beschäftigen, was sie gegenüber allen anderen Hominiden überlegen machen sollte, nämlich nachzudenken, zu beobachten, zu kuscheln, sich auszutauschen, voneinander zu lernen und soziale Bande zu knüpfen.

Wenn die Beute am Ende der Jagd erlegt war, haben wir sie aufgeschlitzt, abgehäutet, ihre Knochen geknackt, um an das Mark heranzukommen, ihre nahrhaftesten Organe wie Leber und Hirn oft noch roh an Ort und Stelle verzehrt (weil man die nicht zubereiten musste und sie auf dem Heimweg leicht verderben konnten) und den Rest des Kadavers zurück zum Lagerplatz geschleppt, wo er zerteilt, gekocht und verzehrt wurde. Vor allem Letzteres hat uns aber nicht zu blutrünstigen Egomanen gemacht, wie es die Vertreter der Killeraffen-Hypothese noch sehen wollten, sondern zu besonders kooperativen, harmoniesüchtigen und fürsorglichen Hominiden.

Im 20. Jahrhundert noch untersuchte Sammler- und Jägerpopulationen haben uns gezeigt, dass im Zuge des Verteilens der Beute im Lager ein System von sozialen Interaktionen entstand, das sehr wesentlich prägt, wie wir Menschen insgesamt miteinander umgehen. Es geht schon damit los, dass niemand die Beute verteilt. Wie Ethnologen bei Gruppen von jagenden Homo sapiens beobachten konnten, verteilt nicht ein erfolgreicher Jäger *seine* Beute. Dieses Konzept existiert schlicht und ergreifend nicht, weswegen es in den Sprachen dieser Ethnien oft auch keine besitzanzeigenden Partikel gibt. Vielmehr wird das Beutestück, wenn es gemeinschaftlich erjagt wurde sowieso, aber auch, wenn es ein Einzelner erbeutet hat, nach der Rückkehr von der Jagd in der Mitte des Lagers abgelegt. Sodann beginnen mehrere Personen – die Kinder werden hier oft mit einbezogen – damit, die Beute zu zerteilen. Irgendwer schleppt eventuell ungefragt ein Stück weg, oder es werden die Teile ohnehin auf einem zentralen, gemeinschaftlichen Feuer gebraten – „rare" scheint übrigens die bevorzugte Zubereitungsart der meisten Sammler und Jäger zu sein.

Es gibt keine Hackordnung, keine dominanten Männchen, die sich das beste Stück aussuchen, und keine Bevorzugung von Partnern oder Nachkommen. Alle nehmen sich ihren Anteil, ohne zu fragen und ohne eine Geste des Dankes. Wie Forscher feststellten, gibt es in den Sprachen vieler heute noch existierender Sammler und Jäger gar keine Möglichkeit, Dank auszurücken. Der erfolgreiche Jäger wird auch nicht gelobt oder gibt gar mit seinem Erfolg an – eine Idee, die so fest in unserer Vorstellungswelt verankert ist, dass sie nur schwer aus diversen Erklärungsversuchen wegzubekommen ist. Vielmehr neigen Jäger in ethnologisch untersuchten Sammler- und Jägergesellschaften dazu, ihre Leistung herunterzuspielen. Understatement, nicht Protzertum, zeichnet den erfolgreichen Homosapiens-Jäger aus.

Und wenn das männliche Ego doch einmal affig wird, holen die Frauen der Gruppe den Macho meist schnell auf den Boden zurück. Denn obwohl die geschlechtliche Arbeitsteilung durch die Jagd beim Menschen kulturell verankert wurde, gibt es in keiner noch bestehenden Sammler- und Jägergruppe – und wir haben keinen Grund anzunehmen, dass es bei unseren steinzeitlichen Vorfahren anders war – eine Hierarchie der Arbeiten. In einer Gesellschaft, in der niemand irgendjemandem etwas vorschreibt – nicht einmal Eltern ihren Kindern –, schreibt auch niemand einer Frau vor, dass sie sammeln müsse, oder einem Mann, dass er Jäger sein müsse. So widerlegen auch einzelne Belege von jagenden Frauen oder sammelnden Männern nicht die Regeln, sondern lediglich, dass Egalität bedeutet, dass Regeln nur wirken, wenn sie sinnvoll sind. Eine kinderlose Frau, die gerne und gut jagt, nicht auf die Jagd mitzunehmen, wäre dumm. Und einem Mann, der leider so ein ungeschickter Tölpel ist, dass er jedes Mal die Kudus aufscheucht, legt man irgendwann nahe, dass er vielleicht besser Melonen sammeln geht; denn das ist nicht besser und nicht schlechter, als Jäger zu sein.

Wir überlebten am Ende erfolgreicher als alle anderen Hominiden und Primaten, weil wir das Überleben der Gruppe an erste Stelle setzten. Das Mangelwesen, das aristotelische Zoon politikon, machte seine individuelle Schwäche zu seiner größten kollektiven Stärke. Die Teamarbeit bei der Jagd und die Verteilung der Jagdbeute, die Differenzierung der Arbeit in Jagen und Sammeln bei der gleichzeitigen Notwendigkeit, die Nahrung je nach Erfolg zu verteilen, die gemeinschaftliche Fürsorge für den Nachwuchs und ständiges Reden über das Sammeln und Jagen – denn über kaum etwas anderes unterhalten sich Sammler und Jäger am Lagerfeuer – waren die lange Schule des Menschseins.

Weil wir Jäger waren, wurden wir zu einer kooperativen Spezies, in der es immer weniger Unterschiede, auch zwischen den Geschlechtern, gab. Während die Vertreter der Killeraffen-Hypothese noch das Schlechteste in uns durch unsere Vergangenheit als Tiermörder erklären wollten, hat die Forschung seitdem gezeigt, dass gerade das Beste in uns als Menschen darin begründet sein könnte, dass wir zu Jägern geworden sind.

Runner's High

Die Anfänge des Jagens gehen nicht auf die Nutzung von Waffen zurück, wie Dart und Ardrey noch meinten, sondern auf die Fähigkeit des Menschen zu laufen. Das lag eigentlich im wahrsten Sinne des Wortes auf der Hand, ist doch auch unsere extrem geschickte Greifhand unter den Eigenschaften, welche die ganze Entwicklungslinie der Hominiden von unseren Primatenverwandten unterscheidet. Sie ist Teil einer weitreichenden Kombination physiologischer Eigenschaften, deren sekundäre Auswirkungen gar nicht genug betont werden können und in deren Zentrum der aufrechte Gang steht.

Alle anderen Primaten bewegen sich fort, indem sie ihre Arme und Hände mitbenutzen. Wenn sie das nicht tun können, ist ihr Gang auf dem Boden recht ungeschickt. Das kann man beispielsweise bei Schimpansen beobachten, wenn sie ihre Hände benutzen, um etwa Nahrung zu transportieren. Sie halten das auch nicht lange durch. Nur Hominiden haben einen ausbalancierten dauerhaften Gang auf zwei Beinen, der so einiges mit sich bringt: Die Hände sind nun frei, um zu greifen und zu tragen, und wir sind weiter vom Boden weg, wodurch wir einen besseren Überblick haben. Durch den aufrechten Gang hat sich aber auch unser Becken verändert, weswegen die Weibchen unseres Stammbaumes ihre Jungen in einem früheren Entwicklungsstadium auf die Welt bringen müssen, was sehr viel mehr Investition in die Aufzucht der kleinen Hominiden erfordert, Geburten riskanter macht und das Überleben unseres Nachwuchses davon abhängig macht, ob man einen verlässlichen Vater für die Kleinen hat, der gut in die Gruppe eingebunden ist. Trotzdem muss die Fähigkeit auf zwei Beinen zu laufen, evolutionär so vorteilhaft gewesen sein, dass dieses nicht unwesentliche Risiko dagegen nicht weiter ins Gewicht fiel.

Die Vertreter der sogenannten Ausdauerläuferhypothese (Endurance Running Hypothesis), zu denen etwa der amerikanische Anthropologe Daniel Lieberman gehört, argumentieren unter anderem damit, dass der aufrechte Gang es den frühen Hominiden ermögliche, sich eine neue Nahrungsquelle in der offenen Savannenlandschaft zu erschließen, und damit einen neuen Lebensraum. Ihre Primatencousins ließen sie im Wald zurück, wo ihre Nachfahren noch eine Million Jahre später vorzufinden sind. Bei der neuen Nahrungsquelle handelte es sich zu Beginn aller Wahrscheinlichkeit nach um Aas. In der offenen Savannenlandschaft mit Herden von Großtieren und den entsprechenden Räubern, die diese zur Strecke brachten, waren Tierkadaver leichter auffindbar als im Wald, wo es dafür mehr Früchte gab.

Es spricht einiges dafür, dass unsere frühesten Hominidenvorfahren nicht gleich als Jäger, sondern als Aasfresser begannen und derart ihre Ernährung langsam Richtung Fleisch verlagerten. So entfernten sie sich sozusagen Schritt für Schritt vom Wald und seinen Früchten. Unsere im Verhältnis zu unseren Primatencousins fleischlastigere Ernährung war also sowohl Voraussetzung als auch Folge der Expansion unserer frühen Vorfahren in den Lebensraum Savanne. Diese Suche nach Aas war am Anfang wohl opportunistisch, wie die Fachleute es nennen. Das heißt, es lief so ab, wie auch Jane Goodall es zuerst ihren Schimpansen unterstellt hatte: Ein zufällig beim Sammeln von Früchten aufgefundener Kadaver wurde praktischerweise mitgenommen. Die Paläoanthropologen gehen nun davon aus, dass frühe Hominiden schrittweise lernten, in der offenen Graslandschaft Hinweise auf Kadaver – etwa kreisende

Vögel – zu lesen (dabei half auch der bessere Überblick durch die aufrechte Haltung). Dementsprechend entwickelten sie sich zu strategischen Aasfressern, die aktiv nach Aas suchten und einen so entdeckten Kadaver einfach nur noch schneller erreichen mussten als die anderen Aasfresser. Sie mussten laufen.

Laufen ist tatsächlich eine physiologisch ganz andere Herausforderung als aufrechtes Gehen und die Untersuchung der Skelette unserer hominiden Vorfahren legt nahe, dass wir im Laufe der Zeit immer mehr von Gehern zu Läufern wurden. So zeigt eine vergleichende Untersuchung des US-amerikanischen Anthropologen David Raichlen und seines Forschungsteams an modernen Menschen und Neandertalern, dass der moderne Mensch gegenüber seinem eiszeitlichen Cousin vor allem in einer Sache physiologisch überlegen war: Er konnte schneller und ausdauernder rennen. Wer – wie es heute ja sehr populär geworden ist – wieder mit dem Laufen anfängt, kennt vielleicht das sogenannte Runner's High. Ein emotionales Hochgefühl, das sich beim Langstreckenlauf einstellt und wahrscheinlich deswegen existiert, weil wir alle von Hominiden abstammen, die einen Belohnungsmechanismus für das Rennen entwickelten und daher nicht nur gut, sondern auch gerne liefen. Vieles spricht dafür, dass der Homo sapiens dem letzten seiner Hominiden-Verwandten, mit dem er sich bis in die nicht allzu weit zurückliegende Vergangenheit diesen Planeten noch teilte, zwar nicht davonlief, er aber zumindest vorneweglief. Dabei half ihm nicht nur seine besser an das Laufen angepasste Physiologie, sondern nach einer äußerst spannenden Hypothese auch eine seiner ersten technischen Erfindungen: die Trinkflasche.

Wie jeder heute zum Marathon antretende Hobby- oder Spitzenathlet wusste anscheinend auch der frühe Homo sapiens, dass ein Langstreckenlauf nur zu schaffen ist, wenn man ausreichend Flüssigkeit zu sich nimmt, vor allem wenn er unter der Sonne Afrikas stattfindet. Die Kalebassen von getrockneten Kürbissen oder hohle Straußeneier, welche auch heute noch von den als Jäger und Sammler lebenden sogenannten „Buschleuten" der Kalahari als Trinkflaschen verwendet werden, sind archäologisch natürlich nicht nachweisbar. Sie waren es aber, die es den frühen Menschen ermöglichten, von strategischen Aasfressern zu Hetzjägern zu werden.

In der frühen Steinzeit verfügten unsere frühmenschlichen Vorfahren nämlich noch nicht über Fernwaffen. Speere waren maximal angespitzte und im Feuer gehärtete Stöcke. Um ein großes Tier zu erlegen, musste man nahe an es herankommen. Am erfolgversprechendsten war dies, wenn das Tier sich in einem Zustand befand, in dem es keine Kraft mehr hatte, sich zu wehren. Vielleicht haben frühere in der Savanne nach Aas Ausschau haltende Hominiden gelegentlich ein Tier vorgefunden, das noch nicht verendet war. Wenn kreisende Geier als Indikatoren dienten, war das recht wahrscheinlich; sind diese Vögel doch nicht gerade dafür bekannt, so taktvoll zu sein, ihrer zukünftigen Mahlzeit in ihrer letzten Stunde Privatheit zu gönnen. Dem Ableben eines bereits moribunden Tieres nachzuhelfen, war auch deswegen eine gute Idee, weil es den aasfressenden Frühmenschen einen Vorsprung gegenüber anderen Aasfressern gab, sogar gegenüber den Geiern, die zwar recht aufdringlich, aber auch sehr feige sind. Irgendwann wird man dann auf die Idee gekommen sein, die Erschöpfung eines schon angeschlagenen Beutetieres zu beschleunigen, indem man es, bevorzugt in der heißen Mittagszeit der Savanne, einfach nicht zur Ruhe kommen ließ: Man hielt es vom Rasten und Trinken ab, indem man sich ihm immer wieder mit Geschrei annäherte und somit seinen Fluchtinstinkt auslöste. Ein derartig überhitztes und dehydriertes großes Säugetier war selbst mit den primitiven Waffen der ersten Menschen leicht zu erlegen. Die Hetzjagd war die erste Jagdtechnik des Menschen, und sie funktionierte noch besser, wenn sich der Jäger selbst durch seine Trinkflasche gut hydriert halten konnte und wenn man im Team arbeitete.

In der Gruppe funktioniert, wie die österreichische Anthropologin Bettina Ludwig in ihrer Feldforschung in Namibia zeigen konnte, auch die flankierende Technik des Fährtensuchens besser; und sie erweist sich als die erste Schule von zahlreichen Gehirnleistungen, durch die wir Menschen uns von unseren Primatenverwandten zunehmend zu unterscheiden begannen. Fährtensuche besteht nämlich nicht nur, wie es Generationen von Lesern der Karl-May-Romane vielleicht noch geglaubt haben, daraus, die Hinterlassenschaften und Spuren von Tieren zu entdecken. Diese müssen auch interpretiert werden. Dabei zeigt sich, dass mehrere Gehirne einfach besser sind als nur eines. Wie Bettina Ludwig bei den Ju/'Hoansi-San-Buschleuten beobachten konnte, verbringen Jäger sehr viel Zeit damit, über die vorgefundenen Spuren zu diskutieren. Sie besprechen ihre unterschiedlichen Interpretationen, entwerfen Szenarien, wann und warum das Tier die entsprechende Spur hinterlassen hat, und spekulieren insgesamt sehr viel darüber, um welches Tier es sich handelt, wie groß, alt und welchen Geschlechts es ist und wo es sich gerade aufhalten könnte.

Noch heute haben Menschenmännchen eine oft enervierende Neigung, sich endlos über die technischen Details begehrter Beutestücke auszutauschen, wie etwa den Hubraum von Autos oder die Rechenleistung von Computern. Spurenlesen und damit das Jagen förderten das logische Denkvermögen auf erstaunliche Weise. Es forderte unsere Vorfahren heraus, sich über Ereignisketten und mögliche Vergangenheiten und Zukünfte auszutauschen und generell so etwas wie Fantasie zu entwickeln. So fand das Imaginieren des Jagderfolgs auch bald eine bildhafte Gestalt, indem die ersten Künstler unter den Frühmenschen Felsüberhänge und Höhlen mit Darstellungen von Tieren und Szenen der Jagd bemalten. Dass Männer, die zum Fantasieren anfingen, dann auch bald Darstellungen üppiger Weiblichkeit produzierten, ist aus einem, wie wir gesehen haben, stammesgeschichtlich immer mit dem Fleischkonsum nah verbundenen anderen fleischlichen Begehren durchaus erklärbar.

Out of Africa

Nachdem der Homo sapiens einmal in der Savanne Afrikas zu laufen begonnen hatte, wollte er – wie Forrest Gump – einfach nicht mehr aufhören. Als Jäger und Sammler verbreiteten sich unsere Vorfahren, wie schon in weitaus gemächlicherem Schritt ihre diversen Cousins (Neandertaler, Denisova-Menschen und vielleicht noch andere parallele Zweige), aus der afrikanischen Urheimat über den ganzen Planeten. Das Vordringen in neue Lebensräume, vor allem in die nördlich gelegenen, die sich damals fest im Griff der Eiszeit befanden, zwang unsere Vorfahren, sich an das dort vorgefundene Nahrungsangebot anzupassen. Mit der Ausbreitung in neue Lebensräume begann, was die menschlichen Ernährungsgewohnheiten von nun an bestimmen und differenzieren sollte: die kulturelle Anpassung an unterschiedliche Nahrungsangebote, die sich an den jeweiligen Klimazonen und Biotopen ausrichteten. Der Mensch entwickelte erste differenzierte Ernährungsweisen und auf diese abgestimmte Technologien.

Auch noch jüngst untersuchte Sammler und Jäger leben in extrem unterschiedlichen Naturräumen. Die größten Sammler- und Jägerpopulationen etwa fanden sich bis vor Kurzem noch in der Arktis und Subarktis Nordamerikas sowie Sibiriens, zugleich aber auch in den tropischen Regenwäldern Südamerikas, Afrikas und Südostasiens und in den Wüsten und Savannen Afrikas.

Die längste Zeit bewohnten Sammler und Jäger aber alle Klimazonen der Erde. Wir dürfen daher davon ausgehen, dass sie sich auch an alle erfolgreich angepasst hatten, nur finden wir von den meisten dieser prähistorischen Sammler- und Jägerkulturen nur mehr spärliche archäologische Überreste. In den Grundprinzipien ihres Nahrungsmittelerwerbes und ihrer sozialen Organisation werden sie sich aber nicht stark von den Sammlern und Jägern unterschieden haben, die noch von zeitgenössischen Ethnologen studiert werden konnten. Dort, wohin die längste Zeit keine Ackerbauern vordrangen, blieb Sammeln und Jagen die einzige Lebensweise. Als beispielsweise westliche Seefahrer im 18. Jahrhundert zum ersten Mal auf die Ureinwohner Australien stießen, waren diese mit ihren sehr unterschiedlichen Umweltbedingungen zwischen Subtropen, Wüsten und warmgemäßigten Zonen allesamt Sammler und Jäger – inklusive isolierter Populationen etwa auf Tasmanien.

Der Homo sapiens passte sich kulturell an jede dieser unterschiedlichen Umgebungen an. Er entwickelte entsprechende Technologien, um zu jagen und zu sammeln, verschaffte sich Kleidung und Unterschlupf, um sich vor der Witterung zu schützen, und passte sein Wanderverhalten an lokale Vorkommen von Ressourcen und Beute an. Das Spektrum an Lebensweisen und Erfindungen, um in den jeweiligen Umgebungen zu überleben, ist schier atemberaubend.

Im Süden Thailands etwa spezialisierten sich die heute noch als Sammler und Jäger lebenden Mani auf die Jagd im – wie es die Anthropologen Helmut Lukas und Khaled Hakami nannten – „mittleren Geschoss" des Regenwaldes, also auf die Jagd von Affen und anderen kleinen, auf Bäumen lebenden Tieren. Sie haben damit begonnen, nachdem ihr Lebensraum durch das Vordringen der sesshaften Thais immer mehr zusammenschrumpfte und Großtiere immer seltener wurden. Die ideale Waffe für ihre Jagd ist das Blasrohr, dessen Pfeile mit einem Nervengift versehen sind, welches das Beutetier lähmt und zum Erschlaffen der Muskulatur führt. Dadurch fällt das getroffene Tier vom Baum und den Jägern direkt vor die Füße. Es muss also nicht mühevoll heruntergeholt werden.

Die Inuit der nordamerikanischen Arktis und Subarktis sowie Grönlands passten sich ebenfalls im Laufe ihrer Wanderungen aus Asien über die Beringstraße nach Osten an unterschiedliche Lebensräume an. Ihre Geschichte zeigt, dass auch in der langen Vorgeschichte von Nimrods Äon technologische Überlegenheit und bessere Jagdtechniken den Aufstieg und Fall von Kulturen begründen konnten. Die Vorfahren der heutigen Inuit, die Birnirk- und Thule-Kulturen, drangen entlang der arktischen Küsten nach Osten vor, wo sie eine ältere Kultur, die sogenannten Dorset-Leute vorfanden, die auf die Jagd auf Robben spezialisiert waren, denen sie an ihren Atemlöchern auflauerten. Die Proto-Inuit brachten nun aber aus ihrer ursprünglichen Heimat rund um die Beringstraße eine Kombination von Jagdmethoden mit, die neben der Jagd auf Landtiere wie Karibus (Rentieren) auch die Harpunenjagd auf große Meeressäuger, vor allem den Grönlandwal, vom Kajak aus einschlossen. Da diese größten Wale der arktischen Gewässer eher langsame Schwimmer sind und nahe der Wasseroberfläche schlafen, sind sie vom Boot aus relativ leicht zu harpunieren. Ein einziger Wal konnte die Wandergruppen der Proto-Inuit über lange Zeit mit Fleisch, Fett, Brennstoff für die Tranlampen, Knochen, Haut und anderen Rohmaterialien versorgen. Man musste aber, um als Walfänger erfolgreich zu sein, in einer ausreichend großen Gruppe unterwegs sein, um mehrere Boote zu bemannen, mit denen man den Wal zur Strecke bringen und danach nach Hause schaffen konnte. Die Größe und Natur der Beute bestimmte in diesem Fall nicht nur die verwendete Technologie, sondern auch wie viele Menschen in einer Gruppe zusammenlebten.

In den großen Ebenen Nordamerikas lebten jahrtausendelang Menschen unterschiedlichster Ethnien als Bisonjäger. Wie die Großwildjäger der eiszeitlichen Mammutsteppe Eurasiens folgten sie den Wanderungen der Herden oder passten diese an geeigneten Punkten ab, an denen sie alljährlich vorbeizogen. Auf beiden Kontinenten und in unterschiedlichen Zeiten setzten Jäger eine Jagdtechnik ein, die sich das Herdenverhalten der Tiere zunutze machte. Dieses verhinderte eigentlich, dass einzelne Tiere von der Herde getrennt und erjagt werden konnten. So trieben große Gruppen von Jägern stattdessen mithilfe künstlicher Steppenbrände, Lärm und dem Einsatz von Hunden ganze Herden über Klippen in einen tödlichen Sturz. Buffalo Jump (Büffelsturz) ist daher ein häufiger Ortsname in den Prärien. Große Stammesbünde entstanden hier, weil man sich zu bestimmten Jahreszeiten zur Büffeljagd zusammentat, ehe man wieder in kleineren Gruppen seiner Wege ging. Büffeljäger, wie die eiszeitlichen Mammutjäger Eurasiens, spezialisierten sich extrem auf ihr bevorzugtes Beutetier und fertigten von ihren Zelten bis zu ihren Bogensehnen alles Mögliche aus den Tieren – *from hoof to horn* im wahrsten Sinne des Wortes. Jahrhunderte später schafften sie dann den Sprung aufs Pferd, das es ihnen erstmals ermöglichte, mit den Bisons Schritt zu halten und sie individuell zu erjagen. Ihre Spezialisierung wurde den Völkern der Great Plains dann aber auch zum Verhängnis. Was die Gewehre, Seuchen und das Feuerwasser des weißen Mannes nicht vermocht hatten, nämlich den Stolz und die Stärke der Büffeljäger zu brechen, schafften die Eisenbahn und die fast vollständige Ausrottung der amerikanischen Bisons.

Doch nicht alle Sammler und Jäger mussten ständig auf Wanderschaft sein, um die lokalen Beutebestände nicht zu überstrapazieren. An manchen Orten der Erde, kommt die Beute nämlich zum Jäger, und zwar in schier nicht zu bewältigender Menge. Im amerikanischen Nordwesten bildeten sich die weltweit komplexesten Sammler- und Jägerkulturen durch das reiche Angebot und die regelmäßigen Wanderungen der Lachse in den Flüssen und die Migration von großen Meeressäugern entlang der Küste. Hier entwickelten die Menschen komplizierte Fischreusen, regulierten ganze Flusssysteme, um die Wanderungen der Lachse zu kanalisieren, bauten große Kanus, um auf Walfang zu gehen, und hinterließen entlang der Küste künstliche Atolle aus Schalen von Muscheln und Krebsen, die dort über zehntausende Jahre weggeworfen wurden. Da die Lachse jedes Jahr wiederkamen und man Techniken entwickelte, um die Fische zu räuchern und zu konservieren, und in der Zeit, in der es keine Lachse gab, in den Wäldern auf die Jagd ging, konnten Stämme wie die Heiltsuk, Haida, Nuxalk, Tlingit, Makah, Tsimshian, Nuu-chah-nulth, Kwakwaka'wakw und Küsten-Salish sesshaft werden.

Die Hetzjagd, mit der alles angefangen hat, wird bis heute praktiziert. So benutzen die San-Buschleute der Kalahari immer noch in der trockenen und heißen Umgebung, in der zaheiche große Säugetiere vorkommen, diese sehr effektive Jagdstrategie und verwenden dazu Pfeil und Bogen. Dies war die letzte große technische Innovation der Jagd, welche unsere Spezies vor dem Ende der Altsteinzeit vor 10.000 Jahren zustande gebracht hat. Es war wahrscheinlich auch diese Waffe, gemeinsam mit dem Einsatz von Hunden zur Jagd, zum Fährtensuchen und zur Bewachung des Lagers, der dem Homo sapiens den entscheidenden Vorteil gegenüber dem Homo neanderthalensis im noch eiszeitlichen Europa verschaffte.

Der österreichische Evolutionsbiologe Kurt Kotrschal hat ausführlich über das spezielle Verhältnis zwischen Mensch und Hund geschrieben und ist der Meinung, dass unser ältestes Haustier mehr zu unserer Menschwerdung beigetragen hat, als wir vielleicht wahrhaben wollen. Die Koevolution von Wolf und Mensch zum unschlagbaren Team Hund und Herrchen, das sich bis heute auch immer noch bei der Jagd bewährt, hat seiner Ansicht nach tiefe Spuren in unserem Sozialverhalten hinterlassen. Sie hat uns am Ende der letzten Eiszeit im Nahen Osten und in der Mammutsteppe Eurasiens zu den wahrscheinlich effektivsten Jägern bis dahin gemacht – und den Grundstein für die Veränderung gelegt, die uns aus dem Paradies der Fleischesser vertreiben und uns in eine zehntausend Jahre dauernde Periode des Mangels an Nahrung und insbesondere Fleisch stoßen sollte. Die komplexe Kulturgeschichte des Fleischessens begann erst so richtig, als wir nicht mehr genug Fleisch zu essen hatten. Das wird der Inhalt des folgenden Kapitels sein.

Abels Herde

Von den Anfängen des Ackerbaus und der Domestizierung

Es hätte ewig so weitergehen können. Wenn die lange Periode der Eiszeiten, in der unsere Spezies den größten Teil ihrer Existenz auf diesem Planeten verbracht hat, nicht vor etwa 10.000 Jahren zu Ende gegangen wäre, wären wir alle mit hoher Wahrscheinlichkeit heute noch ausschließlich Sammler und Jäger. Und wir würden uns die Frage, ob und wie viel Fleisch wir essen sollten, gar nicht stellen – oder die Antwort würde selbstverständlich lauten: „Ja, klar." Und „So viel, wie halt zu kriegen ist." Da es aber nun einmal anders gekommen ist, stellen wir uns diese Fragen und Sie lesen ein Buch, das unter dem Eindruck dieser Debatte geschrieben wurde; etwas, worauf 97 Prozent unserer Zeit als Spezies auf diesem Planeten niemand bei klarem Verstand gekommen wäre. Was war passiert?

Das Ende der jüngsten Periode der Eiszeiten ist ein erdgeschichtliches Faktum, an dem sich nicht rütteln lässt. Zumindest an diesem Klimawandel hatte Homo sapiens sicher keine Schuld. Wenn man sich allerdings die epochalen Auswirkungen vor Augen hält, wird die nicht minder große Herausforderung der viel rascher wirksamen, menschengemachten gegenwärtigen Klimaveränderung erst in die richtige Perspektive gerückt; und dass wir angesichts dessen fordern, so wie diejenigen, denen der CO_2-Ausstoß der Rinderzucht ein Dorn im Auge ist, wieder unseren Fleischkonsum einzuschränken, entbehrt nicht einer gewissen Ironie. Die nachhaltige Erwärmung des Klimas in Gefolge des Endes der Eiszeiten hatte insbesondere in den mittleren und nördlichen Breiten Eurasiens und Nordamerikas massive Auswirkungen auf die dortigen Habitate und die in ihnen vorkommenden Tierarten, von denen sich unsere Sammler- und Jägervorfahren ernährten. Die genauen Abläufe und Mechanismen sind in der Forschung nach wie vor umstritten, ebenso warum und in welcher

Abfolge Menschen dort in bestimmten Regionen zuerst sesshaft wurden, dann zum Ackerbau übergingen.

Der Rest ist Geschichte, oder genauer gesagt: Das, was wir Geschichte nennen, ist die wissenschaftliche Erforschung der letzten paar Jahrtausende des Aufstiegs, der Ausbreitung und des gelegentlichen Niedergangs von Kulturen von Ackerbauern und Viehzüchtern. Alles, was davor war, heißt folgerichtig Vorgeschichte, und in der halten wir uns noch ein wenig auf, um nachzuvollziehen, warum wir von jagenden Fleischessern zu viehzüchtenden Ackerbauern wurden, auf deren Speiseplan überwiegend kein Fleisch stand.

Der Übergang spielte sich, daran besteht kein Zweifel, zuerst im Nahen Osten ab. Von dort stammen die frühesten archäologischen Funde, welche auf Ackerbau hindeuten, und dort im Zweistromland zwischen Euphrat und Tigris entstanden auch mit einigem Vorsprung die frühesten Hochkulturen. Weitere Indizien liefert der Umstand, dass so gut wie alle domestizierten Tier- und Pflanzenarten, welche die Basis des westlichen, altweltlichen agrarischen Ensembles bildeten, von Wildformen abstammen, die in dieser Region nachgewiesen werden konnten. Der amerikanische Evolutionsbiologe und Biogeograph Jared Diamond hat in seinem vielbeachteten Werk darauf hingewiesen, dass die zufällige Häufung von domestizierbaren Spezies in dieser Region den Einheimischen einen beträchtlichen Startvorteil verschaffte. Vergleichsweise fehlte es nämlich den nicht minder einfallsreichen Menschen auf dem amerikanischen Doppelkontinent infolge einer verdächtig menschengemacht aussehenden Ausrottungswelle vieler Großsäuger am Ende der Eiszeiten zumindest an geeigneten Großtieren. Deswegen mussten diese sich, trotz der legendären „Drei Schwestern" Mais, Bohnen und Kürbisse, zu denen noch die andine Kartoffel dazukam, bezüglich der Haustiere mit Truthähnen, Meerschweinchen und Hunden (die sie schon aus Asien mitgebracht hatten) behelfen. Diese setzten sie auch prompt auf ihren Speisezettel und deckten ihren Fleischbedarf ansonsten weiterhin vor allem durch die Jagd. Jedoch, ohne domestizierbare Großsäuger keine Zugtiere. Ohne Zugtiere kein Rad. Und so, so zumindest das Argument von Diamond, beugte am Ende Montezuma vor Cortez das Haupt, und nicht umgekehrt. Aber wir eilen unserer Erzählung voraus.

Bis vor wenigen Jahren ging man noch davon aus, dass das Ende der Eiszeiten zu einer langsamen Austrocknung des Nahen Ostens führte. Dadurch starb die Megafauna aus und es verschlechterten sich allgemein die Lebensbedingungen der Menschen. Durch diese Umstände wurden sie dazu gezwungen, sesshaft zu werden und den Ackerbau aufzunehmen. In letzter Zeit häufen sich allerdings Widersprüche in dieser an sich einleuchtenden Erzählung, die wieder einmal zeigen, dass viele große und hartnäckige Theorien eines gemeinsam haben: Sie sind einfach, einleuchtend und leider falsch. Vor allem die Ausgrabung des nach allen bisherigen Erkenntnissen vorneolithischen Fundplatzes von Göbekli Tepe in Südostanatolien hat ein Schlaglicht auf den Zustand menschlichen Zusammenlebens in der Zeit unmittelbar vor dem Ackerbau geworfen. Es handelt sich um eine große, kreisförmige Steinanlage mit diversen Nebengebäuden. Einige Steinplatten sind mit erstaunlich naturalistischen Reliefs behauen. Bis dahin hatte man – basierend auf einer Theorie des amerikanischen Anthropologen Elman Service – angenommen, dass monumentale Bauten wie etwa das 7.000 Jahre jüngere Stonehenge erst von sesshaften Ackerbauern geschaffen worden sein können.

Etwas wie die Steinformationen von Göbekli Tepe kann nach dieser Theorie nicht von Sammlern und Jägern geschaffen worden sein. Und auch, was wir bisher über die Lebensweise von Sammlern und Jägern im Allgemeinen gelernt haben, scheint nahezulegen, dass nomadisierende, kleine Gruppen von Menschen ohne feste Hierarchie, ohne Besitz und mit nur rudimentären künstlerischen und religiösen Praktiken eigentlich keinen Anlass gehabt haben, irgendwo im anatolischen Hochland riesige Steinkreise aufzurichten. Die Datierung in das 10. Jahrtausend vor Christus und die Begleitfunde lassen indes keinen anderen Schluss zu, als dass die Leute, welche diese Monumente errichtet haben, noch keine Ackerbauern waren. Und selbst, wenn wir diese Hinweise nicht hätten, würden die Motive der eingemeißelten Bilder dies nahelegen, denn die Reliefs auf den Steinen zeigen dasselbe, was auch sonst altsteinzeitliche Künstler beschäftigte: hauptsächlich Tiere. Was auf den Bildern aber nicht gezeigt wird, und das ist ein wichtiger Hinweis, dass wir nicht einfach spätere Verhältnisse vordatieren dürfen, sind Priester, Herrscher oder irgendwelche Hinweise auf eine soziale Hierarchie, von denen man bisher annahm, dass sie die Voraussetzung für solche Monumentalbauten seien.

Göbekli Tepe wirft unsere bisherige Dramaturgie der Geschichte der letzten Phase unserer Zeit als Sammler und Jäger gehörig durcheinander, sodass dieses Drama nun unter Einbeziehung weiterer neuer Erkenntnisse neu erzählt werden muss. Am Ende der Eiszeit kam es nämlich nicht einfach nur zu einer graduellen Verschlechterung der Lebensbedingungen in der Region. Vielmehr dürfen wir davon ausgehen, dass das durch den Klimawandel bedingte Aussterben der großen Säuger der eiszeitlichen Steppe – Mammuts, Mastodonten, Bisons, Wollnashörner – sowie einiger großer Raubtiere zu einer regelrechten Explosion der Populationen mittelgroßer Beutetiere führte. Tiere wie Antilopen, Wildrinder, Wildschweine oder Wildschafen und -ziegen besetzten die frei werdenden Nischen in der nun wärmeren, waldreicheren und mittelfristig auch fruchtbareren Übergangslandschaft. Die Großsäuger hatten nämlich, ähnlich wie die Großtiere der afrikanischen Savanne, selbst dafür gesorgt, dass die Landschaft relativ offen und arm an Bäumen blieb, sodass nach ihrem Verschwinden sehr rasch eine üppigere Vegetation aufkommen konnte.

Unsere anpassungsfähigen Vorfahren machten den – für sie wahrscheinlich ohnehin über die Generationen kaum merkbaren – Wechsel von der Megafauna zum Hochwild einfach mit. Man jagte, was die Natur hergab. Mit dem Bogen, der knapp zehntausend Jahre zuvor im Solutréen eingeführt worden war – also in den Maßstäben der Prähistorie eine brandneue Erfindung – hatten sie ein sehr effektives Jagdwerkzeug, das sich besonders gut eignete, gerade diese Kategorie von Jagdwild zur Strecke zu bringen. Da das Wild in Gefolge der naturräumlichen Veränderungen aber nun recht reichlich zur Verfügung stand, passte sich auch die menschliche Population dem Nahrungsangebot an: sie wuchs.

Es ist eine lange und zum Teil herzzerreißende Geschichte, die man an dieser Stelle erzählen könnte, wie historische und gegenwärtige Sammler- und Jägerbevölkerungen ihre geringe Bevölkerungsdichte von weniger als einem Einwohner je zehn Quadratkilometer über lange Zeit aufrechterhalten. Dass sie vor der Erfindung effektiver Verhütungsmittel zwangsläufig bei bereits lebenden Menschen ansetzen mussten – denn Spaß an Sex hatten sie genauso wie heutige Menschen, und wahrscheinlich mehr davon, als Homo sapiens, die auch Netflix haben –, wirft einen düsteren Schatten auf den edlen Wilden, falls Sie sich aufgrund der bisherigen Darstellung einen solchen imaginiert haben. Für unsere Zwecke mag es reichen festzustellen, dass Jäger- und Sammlerpopulationen in der Lage sind, ihre Fertilität – so heißt das in der Demographie, einer trotz ihres Themas notorisch unromantischen Wissenschaft – aktiv in einem gewissen Maß durch Kindstötung und den oft selbst gewählten Freitod der Alten zu steuern. Die Indizien deuten darauf hin, dass im Nahen Osten die Sammler und Jäger im sogenannten Epipaläolithikum (also vor etwa 20.000 Jahren) diese Maßnahmen zunehmend zurückschraubten, was zu einem Wachstum der Bevölkerung im nahöstlichen „Garten Eden" führte. Warum hätten sie auch nicht auf all die grausamen Methoden, ihre Bevölkerungsentwicklung in Schach zu halten, verzichten sollen, wo es doch aktuell recht gut mit der Fleischversorgung aussah?

Sammler und Jäger sind normalerweise in sehr kleinen Gruppen von zwei, drei Dutzend Menschen unterwegs, wandern von einem Lagerplatz zum nächsten, oft entlang bekannter Routen und immer dann, wenn lokal das Jagdwild rar und die Beeren auf den Sträuchern selten werden. Diese Wandergruppen treffen sich gelegentlich, man tauscht sich aus, und manchmal wechselt ein Gruppenmitglied in die andere Gruppe, der Liebe wegen vielleicht, oder weil man die immer selben Gesichter satt hat. Social Butterflies gab es schon immer. Verdichtet sich die Sammler- und Jägerbevölkerung in einer Region, steigt die Wahrscheinlichkeit, andere Gruppen zu treffen. So verdichten sich die Beziehungen und es wächst ein engmaschiges soziales Netzwerk. Auch andere Sammler- und Jägergruppen, wie wir etwa bei den Bisonjägern der Plains gelernt haben, treffen sich gelegentlich in größerer Zahl, um gemeinsam zu agieren.

Den nacheiszeitlichen Jägern Eurasiens war das nicht fremd. Sammler und Jäger, die in großer Zahl zusammenkommen, machen dasselbe wie Sammler und Jäger, die in kleiner Zahl zusammenleben: Sie sammeln, sie jagen und sie teilen ihre Beute. So könnten im dichter bevölkerten Nahen Osten am Ende des Paläolithikums große, saisonale Feste und Gelage entstanden sein, ohne dass es dazu im ersten Moment Fürsten oder Priester, eine Hierarchie oder einen Gott brauchte. Kommt man dazu immer wieder am selben Ort zusammen, weil der auf den üblichen Wanderrouten günstig liegt, entstehen Festorte. Nach und nach können diese dann sogar über einen langen Zeitraum recht monumental ausgestaltet werden, ohne dass jemals jemand einen Monumentalbau geplant hat.

Der Archäologe Raimund Karl hat in einem Artikel zu eisenzeitlichen Hügelgräbern gezeigt, dass selbst beeindruckende Bauvorhaben von relativ kleinen Bevölkerungen über eine überschaubare Zeit hergestellt werden konnten, ohne dass man sich gleich Yul Brynner als Pharao auf der Pyramidenbaustelle vorstellen muss. In Göpekli Tepe hatte man immerhin mehrere Jahrtausende Zeit. In den Great Plains haben nomadisierende Bisonjäger über Jahrhunderte mehrere zehntausend Steinformationen, sogenannte „Medizinräder", hinterlassen, indem sie über lange Zeit bei jedem Treffen ein paar Steine hinzugefügt haben, jedes ein Göbekli Tepe im Ansatz. War das älteste Monument der menschlichen Architektur nichts anderes als ein riesiger, gemeinschaftlicher, saisonaler Grillplatz? Die Knochenfunde, vor allem von Gazellen, Auerochsen, aber auch anderem Wild, scheinen darauf hinzuweisen.

Wie schwer sich die Wissenschaft damit tut, von bisherigen Theorien zu lassen, zeigt auch, dass der sonst recht einsichtsreiche israelische Historiker Yuval Harari es nicht geschafft hat, sich in seinem Werk *Eine kurze Geschichte der Menschheit* von der Idee zu lösen, dass Göbekli Tepe mit dem Beginn des Ackerbaues zu tun haben muss. Der deutsche Ausgräber Klaus Schmidt war da von Anfang an offener in seinen Denkansätzen, was ihm zwar einiges an Kritik eingebracht hat, die obige Rekonstruktion aber besser stützt als das Festhalten an älteren Anschauungen. Schützenhilfe könnte er von seinem Landsmann, dem Ökologen Josef Reichholf, erhalten. Dieser hat, ausgehend von der Beobachtung, dass die Wildformen der Getreidepflanzen nicht genug Kalorien pro Flächeneinheit lieferten, um ihre Kultivierung als Grundnahrungsmittel überhaupt zu ermöglichen, eine im ersten Moment überraschende These aufgestellt hat. Reichholf folgerte, dass andere Qualitäten als ihre Kalorienausbeute die ersten Pflanzversuche mit Wildgetreiden motiviert haben müssen. Konkret der Umstand, dass Getreidesamen in Kombination mit Wasser und Fermenten in vergorener Form zu einem milden Rauschgetränk verarbeitet werden können: Bier.

Dass er ausgerechnet Bayer ist, soll seiner Glaubwürdigkeit keinen Abbruch tun, hat doch auch der amerikanische Archäologe Kent V. Flannery schon in den 1960er-Jahren darauf hingewiesen, dass ein direkter Übergang von Jagen und Sammeln zu Getreideanbau nicht wirklich möglich sei. Flannery mutmaßte, dass der Mechanismus folgendermaßen funktionierte: Früher oder später kam es zur Austrocknung des Nahen Ostens, welche ihn zu jener steppen- und wüstenhaften Landschaft machte, die wir heute mit dieser Weltregion assoziieren. Das Wild wurde rarer und die Menschen mussten sich etwas einfallen lassen. Da sie, wie alle Sammler und Jäger, ein ausgeprägtes Wissen über das Verhalten ihrer Beute besaßen, wussten sie auch, wo die seltener werdenden Tiere am ehesten anzutreffen waren: in der Nähe von Konzentrationen besonders nahrhafter Wildgräser mit (vergleichsweise) großen, kohlehydratreichen Samen. Zuerst, meinte Flannery, lauerten die Jäger den Tieren dort auf, später begannen sie, bewusst die Wildgräser auszusähen, um Flecken zu erzeugen, die das Wild anlocken würden. Auch heutige Sammler und Jäger verändern bewusst und unbewusst ihre Umwelt, indem sie zum Beispiel unabsichtlich an ihren regelmäßigen Lagerplätzen durch weggeworfene Kerne „Haine" von Obstbäumen erzeugen. Die Seminolen, ein indianischer Stamm Floridas etwa, pflanzten aktiv wilde Orangen, aus deren Holz sie unter anderem auch ihre exzellenten Bögen herstellten. Nachdem man nicht mehr dem Wild folgte, sondern das Wild zu sich lockte, begann sich etwas wie Protosesshaftigkeit zu entwickeln, in der die Gruppe nur mehr zwischen mehreren „Lockfeldern" in einer überschaubaren Region wechselte, aber nicht mehr frei und weit herumstreifte.

Irgendwann, als das Wild ausblieb, so Flannerys Theorie, griffen die Sammler und Jäger auf die Wildsamen selbst zurück. Flannery fehlte aber noch eine Begründung dafür, warum die Lockfeldbauern die Wildgräser auf größere Samen hin gezüchtet haben sollen. Um Wild anzulocken, ist das nicht wirklich notwendig. Wildschafe erkennen den Unterschied zwischen geringfügig kleineren oder größeren Samen auf ihrem Gras nicht und werden daher nicht wegen größerer Samen ein von Menschen angelegtes Feld einem wilden vorgezogen haben. Reichholfs Bier-Theorie liefert dagegen eine Motivation zur Züchtung ergiebigerer Wildgräser, ohne dass man von ihnen als Nahrungsquelle abhängig gewesen sein kann. Und in Göbekli Tepe sind tatsächlich Einrichtungen zur Verarbeitung von Getreide – Mahlsteine, Mörser, Mörserstößel, Schüsseln und

Krüge – sowie Getreidereste und die entsprechenden Pollen gefunden worden, wie archäologische Untersuchungen nachweisen konnten. Die Ergonomie der Mahlsteine, so wurde bei der Gelegenheit auch gleich festgestellt, würde sich auch eher für die Vorbereitung von Maische für die Bierherstellung als zum Mahlen von Getreide für Brot oder Brei eignen.

Die Lockfeld-These vermag auch die Anfänge der Domestikation von Wildtieren zu erklären, hatten die Menschen doch ohnehin schon damit begonnen, aktiv auf die Populationen einzuwirken, indem sie – wie es auch Jäger tun – bestimmte Tiere (Muttertiere, junge und trächtige Tiere) schonten und andere (die unnützen Böcke) bevorzugt erlegten. Vielleicht begannen die Menschen sogar gemeinsam mit ihren alten Verbündeten, den Hunden, das Jagdwild vor Räubern zu schützen oder die Herden in eine bestimmte Richtung zu treiben. Das Herdenverhalten könnte sie auf die Idee gebracht haben, die Tiere gezielt in Bereiche zu treiben, aus denen sie nicht so leicht wieder entkommen konnten. Viehhirten in Ostafrika errichten heute noch weite „Gatter" aus natürlich vorkommenden Dornbüschen und Felsen, um ihre Herden zu schützen und einzuschließen. Die Kontrolle der Population, sprich der Fortpflanzung, der Ernährung und des Aufenthaltsortes von Tieren, ist der Kern von dem, was Domestikation ausmacht.

Kains Sünde

Die Dramatis Personae und alle Requisiten sind nun also auf der Bühne: eine sich verdichtende Sammler- und Jägerbevölkerung, eine schrumpfende Tierpopulation, domestizierte Wildgräser, halbdomestizierte Tiere, Festorte und ein berauschendes Getränk. Das Drama kann beginnen: Wir können uns die milde Nachtluft Anatoliens vorstellen, im Herbst des Epipaläolithikums, vielleicht schon mit einem etwas kühlen Wind von den nahen Bergen. Rundum das zunehmend öde Land, aber stellenweise noch das Paradies, in dem Mensch und Tier in einer eigenartigen Eintracht und wechselseitiger Abhängigkeit leben, wie sie es immer getan haben. Zwar liegt der Löwe nicht neben dem Lamm, außer auf den steinernen Bildwerken der Menschen, aber Löwe, Lamm und Mensch sind noch durch jenes Verhältnis von Fressen und gefressen werden verbunden, das immer galt. Zahlreiche Feuer glimmen in der Dunkelheit. Der Duft von Gebratenem steigt auf. Hunde balgen miteinander und mit den Kindern um ein paar Gazellenknochen.

Einige Leute sind schon recht bierselig und singen, während sich andere bemühen, einen weiteren großen flachen Stein aufzurichten, den sie, wie es der Brauch will, irgendwo gefunden und über eine weite Strecke hierhergeschleppt haben, wo sich die Stämme der Gegend immer schon getroffen haben. Vielleicht ist es ein Art Wettkampf unter den jungen Männern? Diese brauchen so etwas, um ihre überschüssigen Energien abzubauen. Auf Gras aufzupassen ist weitaus langweiliger, als auf die Jagd zu gehen; und in letzter Zeit verbringen immer mehr junge Männer immer mehr Zeit damit, auf Gras aufzupassen, und immer weniger Zeit damit, auf die Jagd zu gehen.

Später am Abend kommen die Gefühle von Frustration und das dräuende Bewusstsein, dass sich etwas in der Welt da draußen ändert, von dem keiner weiß, wohin es führen wird, doch zum Ausbruch. Irgendwer macht eine blöde Bemerkung über einen anderen, der sich die ganze Zeit nur um das Gras kümmert und kein Fleisch zum Fest mitgebracht hat. Der wird zornig. Das Bier mag dabei eine Rolle gespielt haben. So sagen es manche danach zumindest. Es kommt zum Handgemenge – ein unglücklicher Schlag, ein Sturz. Einer der Jäger, der mit den Tieren besonders geschickt ist und immer die schönsten Stücke auf den Grill wirft, deren Duft allen ein Wohlgefallen ist, steht nicht mehr auf. Alle sind entsetzt und das Urteil ist rasch gesprochen; das einzige, das diese Menschen, wie alle Sammler und Jäger, kennen: Ausschluss aus der Gemeinschaft. Mit dem Mal der Schande auf der Stirn wandert der Täter in die Wildnis. Kain hat seinen Bruder Abel erschlagen.

Kain, der Bauer, und Abel, der Hirte, sind die tragischen Helden des nächsten Abschnittes der Menschheitsgeschichte, der durch diese Ereignisse eingeleitet wird. Gemeinsam und oft im Konflikt miteinander machen sie sich auf den Weg in das agrarische Zeitalter, in dem sich der Mensch im Schweiße seines Angesichts sein Brot schaffen muss und bald in das Scheinwerferlicht der Geschichte tritt. Und was er für einen Auftritt haben wird! Mit Städten und Mauern, Königen und Priestern, Kriegen und Raubzügen, Sklaverei und Handel, Architektur, Astronomie, Schrift, Poesie, Mythen, Speisetabus, Göttern und Imperien, alles Erfindungen von Leuten, die in erster Linie Grassamen kauten; auf die Leute, die in erster Linie Fleisch aßen, nie gekommen wären.

Sesshaftigkeit und Ackerbau sind explosive Erfindungen. Nachdem die Menschen sesshaft geworden waren, wuchs ihre

Zahl kontinuierlich. Da sie hauptsächlich vom Feldbau lebten, hatte der rasche Zuwachs an neuen Homo sapiens sogar einen Sinn: Es gab mehr Hände für die Feldarbeit, und das bedeutete einen höheren Flächenertrag. Mit der rasch wachsenden Bevölkerung geht jede Chance flöten, jemals wieder in die alte Lebensweise zurückzukehren. Und wir reden hier von einer anderen Form von „rasch" als im gemächlichen Paläolithikum. Waren vorher Jahrzehntausende der Maßstab für Veränderungen, sind es nun bloße Jahrtausende. Wo früher nur ein Mensch je zehn Quadratkilometer lebte, waren es nun zwischen zehn und 80 pro Quadratkilometer. Diese neue Bevölkerungsdichte konnte nicht mehr durch Unterproduktion versorgt werden. Unterproduktion bedeutet, dass man der Umwelt weniger Ressourcen entnimmt, als diese im Rahmen des existierenden Ökosystems nachproduzieren kann. Alle Tiere sind Unterproduzenten – und alle Sammler und Jäger als einzige nachhaltige menschliche Ökonomie in der Geschichte. Bis vor 10.000 Jahren waren also alle Menschen Unterproduzenten. Seitdem verändern wir unsere Umwelt, um ihr mehr Ressourcen entnehmen zu können, als sie von sich aus bieten würde. Ackerbauern nennen das „kultivieren".

Alle Agrargesellschaften dehnen ihren Lebensraum kontinuierlich aus. Sie verdrängen dabei die natürlichen Ökosysteme, deren Flora und Fauna, inklusive eventuell noch vorhandener Sammler und Jäger, oder sie prügeln sich mit anderen, konkurrierenden Ackerbauern. Und alle Ackerbauern übernutzen früher oder später den verfügbaren Lebensraum. Das hat als einer der Ersten der britische Ökonom Thomas Robert Malthus im 18. Jahrhundert erkannt, auf den wir später noch zu sprechen kommen werden. Er hatte in seiner Zeit bereits damit richtig gelegen, dass das agrarische System – beeinflusst durch Wetterschwankungen und klimatische Veränderungen – zyklisch an seine Grenzen stieß, woraus Hungersnöte, Seuchen und allerlei Elend folgten. Zwar erwies sich Malthus' vernichtendes Urteil als irrig, dass das Anwachsen der agrarischen Produktion mit dem Anwachsen der Bevölkerung – für das er den unbezwingbaren Sexualtrieb der Menschen verantwortlich machte – niemals Schritt halten könne, dennoch legte er den Finger in eine tatsächlich klaffende Wunde: Das agrarische System, mit dem wir uns nach der sogenannten Neolithisierung, also dem Übergang von der altsteinzeitlichen Lebensweise als Sammler und Jäger zur jungsteinzeitlichen als Ackerbauern und Viehzüchter die letzten 10.000 Jahre über Wasser halten mussten, war in mehr als nur einer Hinsicht unzureichend.

Dabei taten unsere Vorfahren ihr Möglichstes, um sich ebenso erfolgreich mit der neuen Lebensweise an zahlreiche Lebensräume anzupassen, wie es schon vor ihnen Jäger und Sammler getan hatten. Dass sie diese dabei schrittweise in entlegene Ecken der Welt verdrängt haben, hat damit zu tun, dass Sammler und Jäger wenige und friedliebend, Ackerbauern hingegen zahlreich und aggressiv sind. Ab einer bestimmten Dichte mutieren sie zu einem Monster, dem Hobbes'schen Leviathan: komplexe, stratifizierte, arbeitsteilige, urbanisierte, zivilisierte, staatliche Superorganismen, die sich innerhalb von 3.000 Jahren so gut wie jeden Winkel des Planeten einverleibt haben. Und in ihrer letzten Mutation, dem modernen, industrialisierten Nationalstaat, haben sie nicht einmal 200 Jahre gebraucht, um den Planten an den Rand des ökologischen Kollapses zu bringen.

Bevor wir weiter in der Geschichte voranschreiten, gilt es noch einen weiteren Irrtum auszuräumen, der sich in der populären

Darstellung der Vor- und Frühgeschichte hartnäckig hält; die Idee nämlich, dass der Übergang zum Ackerbau in irgendeiner Weise ein Fortschritt oder gar ein freiwilliger gewesen wäre. Wie bereits geschildert wurde, sind unsere spätpaläolithischen Vorfahren in die Sache mit dem Ackerbau so langsam hineingerutscht. Wie der metaphorische Frosch im Kochtopf bemerkten sie nicht, wie das Wasser um sie herum langsam immer heißer wurde, und irgendwann war es zu spät. Vielleicht, trotz aller Schlauheit und allem ökologischen Wissen, waren unsere Sammler- und Jägervorfahren für diese Art von Herausforderung einfach nicht ausgestattet.

So hat der Linguist Daniel Everett beispielsweise bei den Pirahã im Amazonasgebiet Brasiliens feststellen können, dass deren Sprache kein Konzept von Vergangenheit aufweist, dass ihr Denken extrem an der Gegenwart orientiert ist und sie wortwörtlich nichts der Rede wert finden, wofür sie keinen Augenzeugen kennen. Für unsere Vorfahren in Eurasien mag zumindest teilweise dasselbe gegolten haben wie für Everetts Pirahã im Amazonas. Auf sie deswegen herabzusehen, wäre reichlich überheblich, wenn man selbst gerade mitansehen kann, wie weitaus komplexere und nach eigener Ansicht fortschrittlichere Zivilisationen sehenden Auges in ihre epochale Katastrophe wanken.

Was Sammler und Jäger aber sehenden Auges nie tun würden, wenn sie das warnende Beispiel benachbarter Ackerbauern ausreichend lange studieren konnten, ist es, selbst Ackerbauer zu werden. Tatsächlich zeigt die lange Geschichte des Kontaktes zwischen sesshaften Ackerbauern und Sammlern und Jägern eindeutig, dass Letztere, solange noch die Möglichkeit besteht, sich dem Kontakt und dem Zugriff der „Zivilisation" entziehen und ihre alte Lebensweise immer vorziehen. Von den Inuit über die verschiedenen First Nations Kanadas bis zu den Aborigines Australiens und den „Buschleuten" Afrikas, immer wenn Sammler und Jäger sesshaft und zu Ackerbauern gemacht wurden, dann nur mit Gewalt und zu ihrem Nachteil.

Die sogenannte Zivilisierung von Sammler- und Jägervölkern ist ein einziger Pfad der Tränen. Sie ist voll von tragischen Geschichten, in denen sich diese Menschen dagegenstemmten, ihrer Lebensweise beraubt zu werden. Sie flohen aus den Reservaten, Internaten und von den Musterfarmen, um wieder zu „Wilden" zu werden. Das hat, entgegen ebenso romantischer wie abgründig menschenverachtender Vorstellungen, die am Ende immer essenzialistischer Rassismus sind und unterstellen, dass Menschen einer bestimmten Ethnie eine „natürliche" Lebensweise hätten, von der sie nicht entfremdet werden dürften, in Wirklichkeit ganz pragmatische Gründe. Es gibt kaum pragmatischere Menschen, so stellt der österreichische Anthropologe Khaled Hakami fest, als Sammler und Jäger.

Krumm und bucklig

Ackerbauern, so wissen alle Sammler und Jäger, arbeiten viel mehr und härter für ihren Lebensunterhalt und sind dabei dann noch schlechter ernährt. Den nachweislich vier Stunden tägliche Arbeitszeit bei Sammlern und Jägern stehen durchschnittlich zehn Stunden bei Ackerbauern gegenüber, zu Spitzenzeiten weit mehr. Aber wir müssen uns, wenn wir das nicht glauben wollen, nicht auf das Wort und die historisch belegte Praxis von einigen Wilden verlassen. Auch die moderne Wissenschaft hat dies hinreichend bewiesen. So zeigt eine anthropologische Studie, dass der tägliche Kalorienverbrauch von heutigen Sammlern und Jägern, den Hadza in Tansania, deutlich niedriger ist als der von Ackerbauern.

Noch eklatanter fällt der Vergleich zwischen den Frauen beider Populationen aus. Ackerbäuerinnen arbeiten – Doppelbelastung ist kein modernes Phänomen – oft noch mehr als ihre Männer, was sich in einem vergleichsweise höheren Energieverbrauch niederschlägt. Sammlerinnen hingegen verbrauchen laut den Autoren der Studie durchwegs weniger Energie als Jäger, weil sie weniger weit gehen müssen und weniger laufen. Ihre energieaufwändigsten Aktivitäten sind Schwangerschaft, Stillen und das Herumschleppen von Kleinkindern. Wenn also schon kein Jäger Bauer werden will, wird eine Sammlerin den Teufel tun und sesshaft werden.

Dieselbe Studie zeigte überraschenderweise auch, dass der Energieverbrauch von Sammlern und Jägern recht auffällig dem einer ganz anderen Population entspricht: den modernen, westlichen Stubenhockern. Nur werden sie fett dabei – man spricht mittlerweile von einer globalen Fettleibigkeitsepidemie –, weil sie sich immer noch so ernähren wie Ackerbauern. Diese haben die großen Mengen an Kohlehydraten und pflanzlichen Fetten für ihren tagtäglichen hohen Energieumsatz tatsächlich noch gebraucht, um die schwere Feldarbeit zu bewältigen.

Ein Nebeneffekt, den die Studie ebenfalls mit einbezieht, ist die durchschnittliche Körpergröße. Moderne Westler packen ihren massiven Kalorienumsatz nur, weil sie die im historischen Vergleich größten und massigsten Körper aller menschlichen Populationen hervorbringen. Sammler und Jäger mit demselben Energieumsatz sind dagegen eher schmächtig, aber immer noch größer und muskulöser als Ackerbauern. Dort, wo man in der jüngeren Vergangenheit Sammler und Jäger zwangsweise auf eine moderne, industrielle Ackerbauerndiät gesetzt hat, sind die Folgen verheerend. Die Fettleibigkeitsepidemie holte lange vor der weißen Bevölkerung in den USA die Native Americans in den Reservaten ein, wo Adipositas und in der Folge Diabetes sowie andere Stoffwechsel- und Herz- und Kreislauferkrankungen in die Höhe schnellten. Nachdem man die „Indianer" in den Reservaten nicht mehr verhungern ließ, war man dazu übergegangen, sie wie ihre weißen Mitbürger vornehmlich von billigen Kohlehydraten zu ernähren. Mehr als das Feuerwasser haben der Zucker und das Mehl der Weißen den einst – wenn auch sicher stereotyp – als so groß, sehnig und schlank beschriebenen „Roten Mann" in die Knie gezwungen.

Die Plainsvölker waren historisch nicht die einzigen „Barbaren", die im Vergleich zu ihren Ackerbauernachbarn als besonders großgewachsen wahrgenommen wurden. Die vornehmlich mit Weizen ernährten römischen Legionäre blickten ebenso zu ihren barbarischen nördlichen Nachbarn auf, wie die mit Reis ernährten Chinesen am anderen Ende der Alten Welt zu den ihren. Kelten und Germanen waren zwar auch Ackerbauern, ihre Nahrung basierte aber aufgrund der geringeren Bevölkerungsdichte stärker auf der Viehwirtschaft, und die Barbaren in Chinas Norden waren nomadische Viehhirten. Die großgewachsensten Menschen der vorindustriellen Welt sind übrigens durchwegs nomadische Viehhirten in Ostafrika. All diese Ethnien jagten auch weiterhin zur Ergänzung ihrer Ernährung.

Ackerbauernpopulationen, welche sich vorwiegend vegetarisch ernährten, schnitten historisch im Größenvergleich eher schlecht ab, weil es ihnen während des Wachstums oft an Kalzium und Proteinen mangelt. Da das Skelettwachstum das gesamte Körperwachstum streng limitiert – der Rest des Organismus kann nur in einem begrenzten Maß seinem Stützapparat davoneilen –, sind Ackerbauern durchwegs kleiner gewachsen als genetisch eng verwandte Sammler und Jäger. Selbst Nachkommen von Ackerbauern, welche endlich eine durch moderne industrielle Landwirtschaft ermöglichte, üppigere Ernährung abbekommen, werden überall auf der Welt binnen weniger Generationen bereits weit größer als ihre eigenen Ackerbauernvorfahren. Besonders Länder in Ostasien, deren Bevölkerung man noch vor hundert Jahren unterstellte, aufgrund „rassischer" Faktoren kleiner zu sein als Europäer, holten im Laufe des 20. Jahrhunderts massiv auf. Man hätte sich nur milchgenährte mongolische Ringer ansehen müssen, um eines Besseren über das potenzielle Größenwachstum der „gelben Rasse" belehrt zu werden.

Auch in Europa hatten jene Länder, die in der Industrialisierung vorne lagen, bezüglich der Durchschnittsgröße der Bevölkerung die Nase vorn. Das wissen wir, weil sich die Militärs aller Nationen immer sehr für die Größe ihrer Rekruten interessierten und wir daher außergewöhnlich gutes statistisches Material dazu haben. Die Generäle der Kontinentalmächte blickten mit Neid auf den großen, schlanken und gesunden Engländer, der uns auch aus den Karikaturen der Zeit mit viktorianischer Überheblichkeit entgegenblickt. Er wuchs auch in Wirklichkeit über den kleineren Franzosen und Deutschen hinaus, weil die Pax Britannica die reichliche Versorgung der Insel mit tiefgekühltem Fleisch aus den Kolonien ermöglichte. Nur der beefsteakgestählte Amerikaner konnte ihm da das Wasser reichen. Diese weltweite Entwicklung, dass die Menschen in den letzten 200 Jahren immer größer werden, lässt den Umkehrschluss zu, dass wir vor 10.000 Jahren infolge des Ackerbaues kleiner und schmächtiger wurden.

Der ernährungsbedingte Kalziummangel führt auch zu einer geringen Knochendichte, wodurch gleichaltrige Bauern neben Sammlern und Jägern schmächtig und oft optisch deutlich älter wirken. Das liegt zum einen daran, dass sie sich krumm und bucklig gearbeitet haben – bei der härteren Arbeit und der geringeren Knochendichte nutzt sich der Stützapparat noch schneller ab –, und zum anderen oft daran, dass ihnen viele Zähne fehlen, eine Folge der Ernährung, in der das Zermahlen von viel Getreide und am Ende sogar Zucker eine große Rolle spielt.

All diese Indizien unterstreichen die These, dass der Übergang von einer fleischbasierten Lebensweise der Jäger und Sammler zu einer vorherrschend vegetarischen der Ackerbauer kein Fortschritt für die Gesundheit und das Wohlbefinden der betroffenen Bevölkerungen darstellte. Und die historisch belegten Versuche, Sammler und Jäger zu Bauern zu machen, zeigen, dass der Schritt nicht freiwillig erfolgte. Die Ackerbauern und ihre unfreiwillig überwiegend vegetarische Mangelernährung setzten sich durch, weil ihre Gesellschaften zahlreicher, aggressiver und besser organisiert waren.

Kains Erbe

Was der Ackerbau mit uns machte

Der Übergang von der nomadisierenden Lebensweise der Sammler und Jäger zu der von sesshaften Ackerbauern war vor der Industrialisierung der massivste Einschnitt in der Geschichte der Menschheit und der menschlichen Ernährungsweise. Insbesondere vollzog sich eine massive Verschiebung des relativen Anteiles an Fleisch und anderen tierischen Produkten hin zu pflanzlichen Nahrungsmitteln. Diese Umstellung war neben den gesellschaftlichen Folgen, welche die Sesshaftwerdung mit sich brachte und denen wir im Endeffekt – im Guten wie im Schlechten – alles verdanken, was man so landläufig unter Zivilisation versteht, die folgenschwerste Entwicklung. Würde man in einem Satz zusammenfassen wollen, was Neolithisierung bedeutet, kann man es auf zwei große Veränderungen hinunterbrechen: Ackerbauern ernährten sich vornehmlich pflanzlich und lebten in großen, komplexen Gesellschaften zusammen.

Die folgenden 10.000 Jahre Menschheitsgeschichte waren wir im Wesentlichen damit befasst, mit dieser Umstellung fertig zu werden und der Mangelwirtschaft zu entkommen, die uns durch das Ende der Eiszeiten aufgezwungen worden war. Geschafft haben wir das erst schrittweise in den letzten 200 Jahren. Dies war eine massive Anpassungsleistung, die der Homo sapiens wie immer durch kulturelle Adaption an die unterschiedlichsten lokalen Bedingungen bewältigte. Schlicht alles, was Sie jemals in Geschichte und (Human-)Geographie gelernt und in so gut wie jeder historischen oder ethnographischen TV-Doku gesehen haben, ist Ausdruck dieser Anpassungsleistung und ein Beleg dafür, dass sich unsere Spezies auch außerhalb des epipaläolithischen Garten Eden nicht unterkriegen ließ. Die Anpassung an die neue Ernährungsweise erfolgte aber nicht nur kulturell. In – aus evolutionärer Perspektive – erstaunlich kurzer Zeit zeigten sich in unterschiedlichen Populationen auch genetische Adaptionen an das Leben als Ackerbauern oder Viehhirten, was man als Beweis dafür werten kann, wie brutal dieser Anpassungsdruck gewesen sein muss.

Untersuchungen, welche Anthropologen nach dem Zweiten Weltkrieg an damals noch vorhandenen Sammler- und Jägergruppen durchführten, zeigten, dass diese sich zu einem überwiegenden Teil von Fleisch und tierischen Produkten ernährten. Am stärksten war dies in den arktischen Klimazonen oder in Wüsten ausgeprägt, wo naturgemäß wenig essbare Vegetation vorhanden ist. Doch selbst dort, wo wilde Früchte reichlich vorkommen, lag der Anteil von Fleisch immer noch über 50 Prozent. Nur bei 14 Prozent aller in einer entsprechenden Studie untersuchten Sammler- und Jägergruppen lag der Anteil pflanzlicher Kalorien über 50 Prozent. Die Autoren der Studie fassten es folgendermaßen zusammen: „Wann immer und wo immer es ökologisch möglich war, verzehrten Sammler und Jäger große Mengen (45 bis 65 Prozent der Energie) an tierischer Nahrung."

Gleichzeitig haben Historiker und Archäologen mit viel Einfallsreichtum die Ernährungsweise unserer Vorfahren in verschiedenen Perioden der letzten 10.000 Jahre des agrarischen Zeitalters zu rekonstruieren versucht. Sie haben Misthaufen und Latrinen ausgegraben und ihren Inhalt unter dem Mikroskop untersucht. Sie haben die Knochen, Pollenreste und in den Lehmboden getretene Getreidehülsen gezählt. Selbst aus dem Angebrannten in gefundenen Töpfen hat man durch chemische Analysen nach Jahrtausenden noch abgelesen, was damals zu lange auf dem Feuer war. Sie haben die Proviantlisten aller Schiffe der Royal Navy über 200 Jahre ausgewertet, die Brücken- und Torzolleinnahmen von mittelalterlichen Städten auf die Menge an importiertem Vieh (ein Pfennig pro Huf!) durchforstet, Klosterarchive auf den Ankauf von Gewürzen hin analysiert und unzählige literarische Beschreibungen von Gastmählern und Hochzeiten studiert. Gelegentlich wurde sogar das eine oder andere Kochrezept gefunden, übersetzt und sogar nachgekocht. Dank des selbstlosen Einsatzes der experimentellen Archäologie wissen wir daher heute nicht nur, was unsere Vorfahren in den letzten 10.000 Jahren so gegessen haben, wir wissen teils sogar, wie es schmeckt.

Die Ergebnisse all dieser Anstrengungen sind – wenn auch natürlich zeitlich und regional unterschiedlich – so doch recht eindeutig und bewegen sich alle in derselben Größenordnung: Sesshafte Ackerbauern ernährten sich zu einem überwiegenden Teil von pflanzlichen Kalorien, insbesondere von Kohlehydraten, vor allem Stärke aus Getreiden und Knollen. Zucker hat erst in den vergangenen 200 Jahren eine zunehmend verheerende Rolle gespielt. Eine recht aktuelle Studie von Wenda Quin von der Boston University, welche exemplarisch die Ernährungsweise im mittelalterlichen England beleuchtet, kommt zu dem Ergebnis, dass die arbeitende Bevölkerung – also die Bauern, Handwerker und Dienstboten, die mehr als 90 Prozent der Menschen im Land ausmachten – 80 Prozent ihrer Kalorien aus Getreide, das heißt in Form von Brot, Brei und Bier, bezogen. Den Rest bestritten sie in absteigender Reihenfolge mit Gemüse, Obst, Eiern, Fisch, Fleisch von Geflügel und Nutztieren sowie Wild, wobei Fleisch und vor allem Wild lediglich für den Adel und den Klerus eine relevante Größe darstellte; doch auch diese ernährten sich zu 65 bis 70 Prozent von ihrem täglich Brot. Dass der französische König Heinrich IV. seinen Untertanen programmatisch für jeden Sonntag „ein Huhn im Topf" versprach, weswegen der Hühnereintopf in Frankreich heute noch „Poule au pot d'Henri IV" heißt, unterstreicht, wie selten für die breite Masse selbst das häufigste Fleischgericht war. Jeden Sonntag war ein Versprechen, dass der König nie einlösen würde. Und man kann daraus ableiten, welch untergeordnete Rolle dann alle anderen Fleischsorten gespielt haben dürften. So waren auch die Fasttage, die bis zu einem Drittel des liturgischen Jahres ausmachten, nicht wirklich ein so massiver Einschnitt im Speiseplan, wie man sich das heute oft vorstellt. Auf etwas zu verzichten, was man eh nicht haben kann, ist ein recht geringer Preis für Gottes Wohlgefallen.

Der Mensch lebt doch vom Brot allein

Heutige Vertreter einer veganen Ernährung meinen aufgrund ihrer Erfahrung häufig, man könne die nötigen Vitamine, Proteine und Fette, welche leicht aus tierischen Produkten bezogen werden können, durch eine entsprechend ausgewogene pflanzliche Ernährung problemlos ausgleichen. Dies ist prinzipiell natürlich richtig, beruht aber auf dem großen Angebot und der leichten Verfügbarkeit einer breiten Palette von Gemüse und Obst rund um das Jahr, wie sie die globalisierte, industrielle Landwirtschaft ermöglicht.

Wer gewohnt ist, im Supermarkt unabhängig von der Vegetationsperiode draußen jederzeit frische Avocados aus Südamerika, tropische Früchte aus Afrika, Zitrusfrüchte aus dem Mittelmeerraum und Salat oder Tomaten aus beheizten Glashäusern vorzufinden, die in Spanien ganze Landstriche bedecken, vergisst, dass historisch Kohlehydrate aus Getreide – in Westeuropa waren das bis in die Neuzeit vor allem Weizen, Roggen und Gerste – die Ernährung der Menschen dominierten. Eine moderne, fleischlose Ernährungsweise ist eben nicht vergleichbar mit der einer Bevölkerung, deren Auswahl an Gemüse im Winterhalbjahr im Wesentlichen aus Kraut und Rüben in verschiedenen Varianten der Lagerung und Haltbarmachung bestand.

Hinzu kommt, dass moderne Vegetarier und Veganer unsere modernen Kenntnisse über Vitamine, Spurenelemente und Stoffwechsel nutzen können. Somit ist mithilfe von Nahrungsergänzungsmitteln und dem beschriebenen Lebensstil der globalisierten Mittelklasse eine ausgewogene Ernährung heute durchaus möglich. Als Subsistenzlandwirt irgendwo im langen agrarischen Zeitalter, der für die Ernährung seiner Kinder nur zur Verfügung hatte, was Feld, Stall und Garten hergaben, war das lange Zeit ein aussichtsloses Unterfangen.

Moderne fleischlose Ernährung stützt sich auch natürlich viel weniger auf jene Mengen an Kohlehydraten, die Ackerbauern brauchten, um für die schwere Arbeit auf dem Feld ausreichend Kalorien zu sich zu nehmen. Sich vorzugsweise das halbe Jahr von importiertem Gemüse und Obst zu ernähren, ist auch nicht so schwer, wenn die maximale körperliche Anstrengung darin besteht, tagtäglich eine Computermaus über den Tisch zu schieben, und man sich daher ein wenig extra Bewegung verschaffen muss, indem man mit dem Rad ins Büro fährt. So lange wir aber auf dem Feld, im Forst, im Bergwerk oder der Werkstatt harte körperliche Arbeit leisten mussten, war ein entsprechend hoher Anteil an energiereichen Kohlehydraten und Fett unverzichtbar. Bewegung hatten wir genug, krank machte uns der Mangel an frischem Obst und Gemüse und tierischen Proteinen.

In historischen – so wie auch in heutigen – armen Ackerbauernbevölkerungen waren verschiedene Formen der Mangelernährung an der Tagesordnung. Am einschlägisten ist wohl das Hungerödem, die Folge einer meist bei Kindern auftretenden Proteinmangelernährung, welche häufig bei armen, bäuerlichen Bevölkerungen vorkommt, wenn Kinder von der Muttermilch entwöhnt werden. Wenn sie auf die fast ausschließlich aus Getreide bestehende – und oft auch unzureichende – Ernährung der Erwachsenen umgestellt werden, entwickeln die betroffenen Kinder den charakteristischen Hungerbauch, den eine ältere Generation noch mit dem Begriff „Biafra-Kinder" assoziieren mag. Immer wenn quantitative und qualitative Mangelernährung herrschte, war dieses Bild teilnahmsloser Kinder mit aufgeschwollenen Bäuchen überall auf der Welt zu sehen. Historisch gesehen war dies in Ackerbauerngesellschaften zyklisch alle drei Jahre und wirklich einschneidend zumindest einmal im Jahrzehnt der Fall.

Der heutige medizinische Name für das Hungerödem lautet übrigens Kwashiorkor. Das ist ein Wort aus der Ga-Sprache in Ghana, das sich am ehesten mit „die Krankheit, die ein Kind bekommt, wenn ein neues Kind geboren wird" übersetzen lässt. Dahinter stecken unzählige kleine, stille Tragödien, welche historische Demographen mit dem schlichten Satz zusammenfassen, dass unsere Vorfahren im agrarischen Zeitalter mit einer hohen Kindersterblichkeit konfrontiert waren. Im konkreten Fall bedeutete dies oft, dass eine Mutter, kurz nachdem sie ein neues Baby entbunden hatte, zusehen musste, wie ihr soeben entwöhntes, älteres Kind – das sie mit viel Glück über die ersten zwei kritischen Jahre gebracht hatte – vor ihren Augen verfiel, weil es die Umstellung auf die mangelhafte Breinahrung nicht schaffte. Wer darauf antwortet: „Sollen sie doch Gemüse essen", ist an Kaltherzigkeit und Unverstand nicht zu übertreffen, hat aber auf jeden Fall nicht verstanden, wie dominant reine Kohlehydrate und wie gering der Gemüseanteil in der Ernährung der meisten Ackerbauern tatsächlich waren und sind. Die „vegane Alternative" ist für die meisten historischen und heutigen traditionellen Ackerbauern nicht ein Gemüsegericht, sondern noch mehr Brei, Reis oder Brot.

Wie uns der englische Althistoriker James Davidson in seinem Buch *Kurtisanen und Meeresfrüchte* erinnert, ist im Altgriechischen das Wort für Essen, Brot und Getreide dasselbe: *sitos*. Alles andere – Fisch, Fleisch, Gemüse – ist *opson*, Zuspeise. Und so war es die längste Zeit. Noch in der ehemaligen DDR bekam man zum Menü eine „Sättigungsbeilage" gereicht, was eindeutig klarmachte, dass man von den Kartoffeln und nicht vom Broiler satt zu werden hatte. Das Gericht, das namentlich auf dem Teller liegt, diente nur zur geschmacklichen Aufbesserung. Wer jemals traditionelles indisches Essen mit den Fingern gegessen hat, kann das gut nachfühlen: Zu viel vom Curry am Reis macht diesen nämlich nicht länger handhabbar und in so gut wie allen Küchen dieser Welt ist die Zubereitung der Hauptspeise auf die Form, Textur, Saugfähigkeit und Haptik der vorherrschenden Kohlehydratzubereitung ausgerichtet. Sie als Beilage zu bezeichnen ist der Gipfel der kulinarischen Irreführung.

FLÜSSIGNAHRUNG

Bier, dem wir schon am Beginn der Geschichte des Ackerbaues in einer so entscheidenden Rolle begegnet sind, findet sich auch auf dem mittelalterlichen englischen Speiseplan als wichtiges Nahrungsmittel wieder und begleitete die Ackerbauern nachweislich seit den Pyramidenbaustellen Ägyptens. Das Getränk beinhaltete früher noch weniger Alkohol als heute, half aber trotzdem sicher auch ein wenig, das harte Los zu ertragen. So gut wie jeder Haushalt braute im Mittelalter sein eigenes Bier, und dass ausgerechnet die Klöster oft zu berühmten Bierbrauereien wurden, hängt damit zusammen, dass sie nichts anderes waren als sehr große Haushalte mit sehr viel Grundbesitz, die hohe Personalressourcen hatten, um ihr Getreide für den Markt aufzuwerten.

Der Körper kann Bier besser als Energiequelle nutzen, wenn er in der Lage ist, Alkohol aufzuspalten und wieder in Zucker umzuwandeln. Dies stellt eine sowohl genetische wie auch kulturelle Anpassung des Menschen an sein Leben als Ackerbauer dar. Zuerst züchtete man sich diese Fähigkeit mit Bier an, das auch sonst genug verdauliche Kohlenhydrate enthält, besonders in der malzigen Zubereitung, die wir für den Großteil der Geschichte annehmen dürfen.

Durch den Konsum von schwach alkoholischen Getränken wird individuell und anscheinend auch genetisch eine entsprechende Toleranz aufgebaut und man kann dann zu härteren Sachen übergehen. Alkohol kann – wie der Wodka-Konsum unserer russischen Nachbarn nahelegt, die damit der energiefressenden Kälte in ihrer nördlichen Heimat schon seit Jahrhunderten erfolgreich trotzen – eine sehr effektive Energiequelle sein. Man braucht dafür allerdings eine entsprechende Körpermasse, um mit der Vergiftung umzugehen, und die nötigen Gene, um die Energie rasch wieder aus dem Alkohol rauszumetabolisieren. Völkern, die nicht irgendwann mal sesshafte Ackerbauern waren, fehlt diese genetische Anpassung üblicherweise, weswegen das Feuerwasser auf sie auch besonders stark und zerstörerisch wirkt. Der „Whiskey Indian" und der versoffene Aborigine sind trauriges Zeugnis der kleinen, genetischen und kulturellen Unterschiede, welche sich durch die Neolithisierung entwickelten.

Dass diese Anpassung in vielen Populationen aber so flächendeckend vorhanden ist, zeigt auch, wie dramatisch der Einschnitt für die von der Neolithisierung erfassten Menschen gewesen sein muss. Hinter einem genetischen Wandel stecken nämlich immer viele Menschenschicksale: Kinder, die mit der verfügbaren Nahrung nicht gedeihen, die schwächlich heranwachsen und früh sterben. Die aufgrund der Mangelernährung zu kränklichen Erwachsenen werden, die sich nicht oder nur in geringer Zahl fortpflanzen, weil sie in ihren fruchtbaren Jahren aufgrund ihrer schwächeren Konstitution eher von der nächsten Hungersnot, Seuche oder den unerfreulichen Dingen, die Ackerbauern einander regelmäßig antun, entkräftet oder dahingerafft werden. Gegen sie setzen sich ihre Mutantengeschwister durch, welche in der einen oder anderen Weise besser an die neue Ernährungsweise und die herrschenden, zunehmend menschengemachten Umweltbedingungen angepasst sind.

DIE ENGLISCHE KRANKHEIT

Eine weitere Mangelerkrankung, welche mit einer agrarischen Lebensweise zusammenhängt, war lange Zeit als die „Englische Krankheit" bekannt, da sie zuerst in den am stärksten industrialisierten Regionen der Britischen Inseln auftrat und dort – sehr zur Überraschung der Ärzte – sowohl Kinder aus ärmeren wie auch aus reicheren Familien betraf. Heute ist diese Erkrankung als Rachitis bekannt, und es ist eine besondere

Schande für die in letzter Zeit an desaströsen Entscheidungen in der Gesundheitspolitik nicht arme Insel, dass die Fallzahlen dort seit Jahren wieder steigen. Ursächlich für Rachitis ist ein Mangel an Sonneneinstrahlung auf der nackten Haut von Menschen – vorzugsweise Kindern –, welche notwendig ist, um das für den Kalziumstoffwechsel essenzielle Vitamin D herzustellen. Fehlt dieses, kommt es bei Heranwachsenden zu charakteristischen und massiven Fehlbildungen am Skelett. Bekommen Kinder zu wenig Sonne ab, weil sie in einem nördlichen Klima mit langen Winternächten und einer erhöhten Neigung zu bedecktem Himmel leben, treten diese Symptome auf. Während in der Viktorianischen Zeit Luftverschmutzung und finstere Wohnungen die geographischen Voraussetzungen verschärften, verbringen heute viele Kinder zu viel Zeit in der Schule und vor dem Bildschirm.

Menschliche Populationen, welche historisch unter solchen Bedingungen lebten – also nach Norden wanderten –, entwickelten daher zunehmend hellere Haut, um das Beste aus der wenigen Sonne zu machen und keine wertvollen UV-Strahlen durch das schützende Melanin zu verlieren, das in südlichen Breiten ein durchaus sinnvoller Schutz vor Hautschäden durch die Sonne ist. Das ist schon lange bekannt und genetisch mittlerweile gut erforscht. Eine aktuelle Zusammenschau genetischer Untersuchungen von Andrea Hanel und Carsten Carlberg an der University of Eastern Finland hat gezeigt, dass auch nicht alle Alteuropäer hellhäutig gewesen sind. Tatsächlich waren die Sammler und Jägervorfahren der heutigen Europäer ebenso dunkelhäutig wie viele heute noch in extremen nördlichen Breiten lebende Sammler und Jägerpopulationen, etwa die schon erwähnten Inuit oder viele sibirische Ureinwohner.

Die Verbreitung der helleren Hautfarbe in Europa ging in zwei Wellen vor sich, und zwar in einer ersten, mittelbraunen, über Anatolien parallel mit der Ausbreitung des Ackerbaus und einer zweiten, helleren, über die Steppen Russlands mit der Einwanderung nomadischer Hirten. Es zeigt sich, dass die Synthese von Vitamin D in der Haut nicht unbedingt notwendig ist, wenn man durch die Nahrung ausreichend viel Vitamin D zu sich nimmt. Heutige Therapien für Menschen mit Vitamin-D-Mangel setzen genau dort an und verabreichen den Patienten, was auch die Inuit vor der „Englischen Krankheit" erfolgreich schützt: Fischöl. Aber auch Innereien und Fett von Tieren, besonders Rentieren, enthalten viel Vitamin D, weswegen nördliche Rentierhirten in Lappland oder Sibirien ebenso wie Karibu-Jäger in Kanada sich ihre dunkle Hautfarbe erhalten konnten. Die Nachkommen von Ackerbauern, die – wie wir oben gezeigt haben – eben niemals genug Fisch oder Leber abbekamen, um ihren Bedarf zu decken, konnten nur überleben, wenn sie ausbleichten. Den Preis bezahlen die Nachkommen dieser nördlichen Ackerbauern in Zeiten des Klimawandels und Ozonloches mit einer erhöhten Neigung zu Hautkrebs.

MILCH UND ZUCKER

Wie bereits angesprochen, haben Native Americans eine außergewöhnlich starke Neigung zu Diabetes Typ 2. Sie ist im Durchschnitt doppelt so hoch wie beim Rest der amerikanischen Bevölkerung und in manchen Gruppen, wie den Pima in Arizona, betrifft sie fast jeden zweiten Erwachsenen. Dies spricht dafür, dass sich in Ackerbauernpopulationen genetische Merkmale durchgesetzt haben, welche es ihren Trägern leichter machten, plötzlich einströmende Energie aus rasch aufspaltbaren Kohlehydraten effektiv zu nutzen und den entsprechend angepassten Insulinspiegel ebenso rasch wieder zurück zu regulieren. Wer diese hormonelle Flexibilität nicht aufweist, tut sich mit einer Ernährung auf Kohlehydratbasis schwer, besonders, wenn sie viel Zucker enthält. Die genauen Mechanismen sind bis heute umstritten und der Zusammenhang mit Ackerbau und Sesshaftwerdung wurde noch nicht hinreichend untersucht – die Pima etwa sind schon sehr lange Ackerbauern. Aber die Selbstverwaltungen einiger amerikanischer Tribes sind sehr daran interessiert, der Geißel ihres Volkes auf die Schliche zu kommen, und fördern entsprechende Forschungen.

Zahlreiche Studien – häufig von der Nahrungsmittelindustrie gefördert – werden derweil rund um ein anderes Thema genetischer Anpassung betrieben: die Laktoseunverträglichkeit. Alle Säugetiere, zu denen auch wir Menschen zählen, können als Säuglinge logischerweise Milchzucker verdauen. Die meisten Tiere und auch viele Menschen verlieren diese Fähigkeit im Laufe des Heranwachsens, einige menschliche Populationen behalten sie jedoch mehr oder weniger bis ins höhere Alter. Das liegt daran, dass sie in ihrem Stammbaum einen entsprechend hohen Anteil von Hirtennomaden gehabt haben, in deren Ernährung Milch eine dominante Rolle gespielt hat.

Die Fähigkeit, Laktose aufspalten zu können, ist eine genetische Anpassung infolge der vorherrschenden Ernährungsweise der historischen Vorgängerkulturen dieser Menschen. Dies zeigt sich an der gut erforschten Verteilung der sogenannten Laktoseintoleranz in unterschiedlichen Bevölkerungsgruppen im nordamerikanischen „Melting Pot of Nations". In den USA sind circa 75 bis 95 Prozent der African Americans und Asian Americans laktoseintolerant, gegenüber nur 12 bis 26 Prozent unter Amerikanern nordeuropäischer Abstammung. Wobei bedacht werden muss, dass für die Statistik bereits als laktoseintolerant gilt, wer nach dem Genuss von einem großen Glas Milch auf ex irgendwelche ungewöhnlichen Regungen im Verdauungstrakt verspürt. Die große Mehrheit der Betroffenen kann also kleine Mengen Milch, vor allem verkochte Milch, als Bestandteil von Nahrungszubereitungen und die meisten Milchprodukte wie Käse oder Joghurt problemlos konsumieren. Außerdem nimmt die Laktosetoleranz im Laufe des Alterungsprozesses selbst bei Leuten ab, die mit Milchprodukten zeitlebens keine Probleme hatten. Doch auch diese werden zu dem Teil der behaupteten bis zu 70 Prozent der Weltbevölkerung gezählt, die angeblich dringend Sojamilch brauchen, um weiterhin ihren Latte bei der allgegenwärtigen Kaffeehauskette mit der Sirene genießen zu können.

Doch zurück zu der ethnischen Ungleichverteilung in den USA, welche die Natur des Laktosetoleranz als genetische Anpassung an eine bestimmte Ernährungsweise gut erklärt. So stammt die große Mehrheit der African Americans von versklavten westafrikanischen Ackerbauern aus tropischen und subtropischen Regionen ab, in deren Ernährung Milch keine Rolle gespielt hat. Und für die große Mehrheit der Asian Americans, die von chinesischen, japanischen und südostasiatischen Reisbauern abstammt, gilt dasselbe. Aber innerhalb der Herkunftsregionen dieser sehr stark betroffenen Gruppen sind durchaus je nach Population Unterschiede bemerkbar. So besitzen etwa, wie eine Studie der Genetikerin Sarah Tishkoff von der University of Pennsylvania zeigt, die Nachkommen afrikanischer Viehhirten in Äthiopien oder Ostafrika natürlich das entsprechende Gen für die Aufspaltung der Laktose.

Auch in der Herkunftsregion der auf den Sklavenschiffen verschleppten Westafrikaner hätte man etwas weiter im Landesinneren nomadische Hirten angetroffen, die kein Problem mit einem Milchshake zum Burger hätten. Nur hatten diese stolzen Reiterkrieger eher dazu geneigt, andere zu versklaven, als selbst versklavt zu werden, und haben in der Genetik der Nachkommen von drei Jahrhunderten Menschenraub und Ausbeutung im transatlantischen Sklavenhandel deswegen kaum Spuren hinterlassen. Die Untersuchung der Haplogruppe, an der das Gen lokalisiert werden konnte, zeigt außerdem, dass sie aus dem Nahen Osten kam und sich etwa zur selben Zeit in Afrika verbreitet haben muss, in der auch die Ausbreitung der Rinderhaltung dort archäologisch nachweisbar ist.

Nicht anders verhält es sich in Asien, wo die Fähigkeit, Laktose zu verdauen, selbstverständlich bei jenen Völkern weit verbreitet ist, deren Vorfahren als Reiternomaden die Steppen bevölkerten und den umliegenden Ackerbauern nicht nur durch ihre vergorene Stutenmilch regelmäßig Angst und Schrecken einjagten. Wir in Europa verdanken die weite Verbreitung der Laktosetoleranz der Einwanderung der Indogermanen (die Archäologie spricht heute von der Yamnaya-Kultur), die als Hirtennomaden lebten und die bereits weiter oben als Grund unserer Hellhäutigkeit erwähnt wurden. Auch die nahöstlichen Völker semitischer Sprache weisen eine hohe Laktosetoleranz auf. Als Kleinviehhirten taten ihre Vorfahren ebenfalls gut daran, ihre Schafe zu melken und nicht nur zu schlachten.

IN DIE WÜSTE GESCHICKT

Jabal, der Ahnherr aller Menschen, die Vieh halten und in Zelten leben, ist in der biblischen Genealogie folgerichtig ein Nachkomme Kains. Der Pastoral-Nomadismus, wie diese Lebensweise in der Forschung genannt wird, ist nachweislich eine sekundäre Anpassung von Ackerbauern. Hirtennomaden sind die Nachkommen von Ackerbauern, die schrittweise an den Rand des kultivierbaren Landes gedrängt wurden – oder der Rand rückte durch Versteppung und Austrocknung ihren Wohnplätzen näher – und dadurch ihre Wirtschaft langsam vom Feldanbau zur Viehzucht verlagerten. Vieh, vor allem Kleinvieh wie Schafe und Ziegen, aber auch einige der heute noch in Afrika und dem Nahen Osten verbreiteten Rinderrassen, kann man, indem man es von einem Weideplatz zum nächsten treibt, noch durchbringen, wenn nicht mehr genug Niederschlag für den Anbau von Getreide fällt und man fernab jedes zur Bewässerung geeigneten Fließgewässers lebt. Irgendwann ist dann der nächste logische Schritt, den Ackerbau ganz sein zu lassen, dauerhaft auf Achse zu bleiben und zum Hirtennomaden zu werden.

Dieser Übergang wurde noch dadurch beschleunigt, dass Hirtennomaden in Zeiten unsicherer Witterungsbedingungen ihre Herden effektiver an die gegebenen Weidegründe anpassen konnten, indem sie sie verteilten oder überzählige Tiere schlachteten. Dadurch hatten sie kurzfristig mehr Nahrung zur Verfügung, während die Bauern schon hungerten, und kamen somit besser durch die regelmäßigen, kurzfristigen, witterungsbedingten Hungerperioden.

Wie immer müssen wir uns auch diese Anpassung als einen generationenlangen, schleichenden Prozess vorstellen, an dessen Ende jene nomadische Hirtenkultur stand, der wir mittelbar oder unmittelbar drei Weltreligionen verdanken, die alle auf den Stammvater Abraham – seines Zeichens auch Hirte – und seinen imaginären Freund zurückgehen. Nomadische Hirten waren in der Lage, sich Lebensräume zu erschließen, welche Ackerbauern niemals hätten besiedeln können, und beherrschten bald die Steppen Eurasiens und die Wüsten und Dornsavannen Afrikas. In Asien domestizierten sie das Pferd und später das Kamel, in Südarabien das Dromedar, wodurch aus Fußgängern, die neben ihrem Vieh hertrotteten, Reiter und Wagenfahrer wurden – und damit aus einer marginalen Lebensweise der Kern von mächtigen, räuberischen Nomadenkonföderationen und einigen der größten Imperien der Geschichte.

Allen Nomaden ist gemein, dass sie sich niemals ganz von den Ackerbauern lösen können, benötigen sie doch immer noch Güter und Rohmaterialien, die nur von Sesshaften hergestellt werden können. Ihre Ernährung ist aber im Vergleich zu den anderen Ernährungsweisen des agrarischen Zeitalters sicher die mit dem höchsten Anteil an tierischen Produkten. Dabei essen sie nicht in erster Linie ihre Herden selbst, sondern – wie die Anpassung an die Laktose nahelegt – vor allem deren Milch, die sie auch (wie schon erwähnt) vergären oder anders haltbar machen. Joghurt ist eines der wenigen Lehnwörter aus einer Turksprache, das in den meisten europäischen Sprachen vorkommt, weil es die Vorfahren der nomadischen Einwanderer in Anatolien und auf dem Balkan wohl aus der Steppe mitgebracht haben. Die Nomaden jagten auch weiterhin, oft mit Pfeil und Bogen vom Pferd aus, was sie zu den gefürchteten Reiterbogenschützen gemacht hat, als die sie in der Geschichte der sesshaften Ackerbauern dann meist auftauchten.

Wie eine Studie zeigt, ist die Energieausbeute aus dem Gras, das das Tier frisst, durch das Melken eines Tieres über denselben Zeitraum 2,5-mal höher, als wenn man das Tier nur aufzieht, um es zu schlachten. Anders gesagt, ein Milchtier ist so gut, als hätte man zweieinhalb Fleischtiere, frisst aber dieselbe Menge Gras. Darum musste auch bevorzugt der Hammel dran glauben.

Dieser ökonomische Vorteil gilt natürlich auch für die Haltung von Milchvieh durch Sesshafte, was uns noch beschäftigen wird, bringt aber bereits an dieser Stelle eine Sache auf den Punkt: Vieh wandelt Gras, das Menschen nicht essen können, in Milch und Fleisch um, das Menschen essen können. Historisch hat dieses Modell vor allem dort gegriffen, wo durch die vorherrschenden klimatischen Bedingungen und das lokale Ökosystem der Anbau von Getreide oder anderen Feldfrüchten weniger effektiv war. In den Dornsavannen Afrikas (zu trocken), auf den Almwiesen Europas (zu kurze Wachstumsphase) und in den Steppen Asiens (beides in unterschiedlicher Kombination) produziert ein Schaf, eine Ziege oder eine Kuh effektiv mehr Kalorien bei geringerem Arbeitsaufwand, als wenn man dort mit Gewalt Feldfrüchte anbauen wollte.

Die gescheiterten Experimente der Sowjets, Zentralasien für den Anbau von Baumwolle von einer Steppe in Ackerland umzubewässern, sollten Warnung genug sein für Milchmädchenrechner, die meinen, wenn man nur alle Weiden in Felder umwandeln würde, hätten wir kein Problem mehr mit der Welternährung. Das gilt nur dort, wo Ackerbewirtschaftung und Viehhaltung gleichermaßen möglich ist, und selbst dort haben unsere Vorfahren meist klug abgestimmte Systeme von Feldbau und Viehwirtschaft entwickelt, die das Maximum aus dem lokalen Ökosystem herausholten. In manchen Regionen ist Viehwirtschaft aber nun einmal die einzige effektive Bewirtschaftung und ursächlich für die Existenz ganzer Kulturlandschaften, wie beispielsweise der alpinen Almen oder der schottischen Highlands. Und ebenso naiv wie verdächtig sind alle Argumentationen, die darauf anzielen, den Milchkonsum mit dem Argument schlechtzureden, dass Milch schließlich kein „natürliches" Nahrungsmittel für erwachsene Menschen sei, weil ja ein so großer Teil der Weltbevölkerung und alle Tiere die Fähigkeit zur Milchzuckeraufspaltung im Laufe des Älterwerdens verlieren. Mit der schon oben bemühten Wendung, dass es des Menschen Natur ist, eine Kultur zu haben, kann jeder, der Hirtennomaden unter seinen Vorfahren hat und deswegen Laktose problemlos verträgt, antworten, dass das halt Teil seines kulturellen und sogar genetischen Erbes ist.

Dies könnte auch demnächst nicht mehr so provokant klingen, entwickelt sich doch an der Schnittstelle zwischen Medizin und Anthropologie unter dem Namen Genetische Epidemiologie in den letzten Jahren ein vermehrtes Bewusstsein dafür, dass es eben nicht den einen Menschen gibt, der dieselben Krankheiten mit denselben Symptomen bekommt und von diesen durch dieselben Behandlungen geheilt wird. Dasselbe gilt für die gesundheitsfördernden Vorsorgemaßnahmen, zu denen seit Hippokrates ganz wesentlich die Ernährung zählt.

Menschen – Männer und Frauen zum Beispiel – müssen medizinisch unterschiedlich gesehen werden. Durch die immer größere Rolle, welche die Genetik in der Diagnostik von Risiken und potenziellen Erkrankungen und irgendwann wohl auch in der Therapie spielen wird, rückt das Erbgut des Menschen verstärkt ins Blickfeld. Das kann, in Kenntnis der besagten genetischen und epigenetischen (inklusive kulturellen) Anpassungen unterschiedlicher Populationen an ihre Ernährungsweise, nur bedeuten, dass Diätetik in Zukunft genau auf diese historisch gewachsenen Unterschiede in unseren Erbanlagen Rücksicht nehmen wird. Ironischerweise würde eine solche genetische Diätetik jedem Missionierungseifer der Vertreter irgendeiner „gesunden" Ernährungsweise effektiv das Wasser abgraben. Es könnten wieder Leute am selben Tisch Platz nehmen, ohne dass irgendjemand es sich erlauben könnte, den anderen seine Ernährungsweise aufzudrängen. Die Natur lehrt uns, vermittels unserer eigenen genetischen Vielfalt, die Toleranz, die uns Kultur anscheinend nur schwer vermitteln kann.

Zoonosen

Die Domestikation von Tieren führte zu einem immer engeren Zusammenleben zwischen Menschen und Tier. Der Jäger traf seine Beute nur einmal, doch der nomadische Hirte und vor allem der viehhaltende, sesshafte Ackerbauer lebte dauerhaft und aufs Engste mit seinen tierischen Hausgenossen zusammen. Hausgenossen deswegen, weil in den meisten historischen Ackerbauerngesellschaften – und auch in vielen heutigen Wohnverhältnissen – eine räumliche Trennung der Unterkunft von Menschen und Vieh weder möglich noch sinnvoll war.

Es gab, abgesehen von den kurzen Wegen und der beträchtlichen Arbeitsleistung, die in die Errichtung eines eigenen Stalles gesteckt werden müsste, sogar gute Argumente, das Vieh unter dem eigenen Dach unterzubringen, etwa die zusätzliche Körperwärme von ein paar weiteren Warmblütern. Eine Kuh hat eine Heizleistung von über 1.000 Watt. Das entspricht der eines größeren Heizkörpers und ist nicht zu verachten, wenn die Alternative ein paar Stunden mehr Holzsammeln im Winterwald ist. Moderne Passivhausbauer rechnen die Körperwärme der Bewohner in die Energiebilanz ihrer Bauten mit ein. Historische Viehhalter haben das immer schon gemacht.

Doch selbst wenn man die Tiere zumindest aus dem Wohnbereich verbannt, der tägliche Umgang mit ihnen, der Kontakt mit ihren Exkrementen (die ja wie die menschlichen irgendwie weggeschafft werden müssen) und ihren Produkten sind ideale Voraussetzungen für die Übertragung von allerlei Krankheiten von Tier auf Mensch (und gelegentlich, muss man fairerweise sagen, auch umgekehrt). Zoonosen nennt man solche Erkrankungen, und sie umfassen die ganz Bandbreite von Viren über Bakterien bis hin zu Parasiten. Man könnte auch gleich noch allerlei lästiges und ebenfalls Krankheiten übertragendes Getier wie die Pferdebremse und diverse Flöhe mitzählen.

Die Liste der Geißeln, welche wir uns mit der Nutztierhaltung eingehandelt haben, ist lang und umfasst so schreckliche historische Killer wie Tuberkulose, Pocken, Hepatitis und Milzbrand, aber auch so gut wie jede Grippewelle. Heute sind diese Krankheiten teils ausgerottet, teils behandelbar, eingedämmt oder für eine gut ernährte, medizinisch bestens versorgte und notfalls durch Antibiotika geschützte Bevölkerung selten ein Problem. Selbst die Todeszahlen der aktuellen Seuchenwelle sind im Verhältnis zu historischen Seuchen vergleichsweise überschaubar. In der Vergangenheit aber rafften endemische Krankheiten durch Zoonosen regelmäßig die Schwächsten der Bevölkerung (Alte und vor allem Kinder) dahin, schwächten – vor allem bei Parasiten – die Überlebenden nachhaltig und suchten, oft in Gefolge von Kriegen und Hungersnöten, als Epidemien weite Landstriche heim.

Man könnte zynisch anmerken, dass nur die explosionsartige Verbreitung von Zoonosen durch den dauerhaften, engen Kontakt mit Nutztieren dem durch die Sesshaftigkeit entstandenen Bevölkerungswachstum einen relevanten Dämpfer verpassen konnte. Den unzähligen Menschen, die ihre Lieben an Seuchen verloren haben, war das ebenso ein geringer Trost, wie es das heute vielen Menschen im globalen Süden ist, wo diese Krankheiten noch immer grassieren. Die Pocken, das ist eine der wahrhaft großen Erfolgsgeschichten des 20. Jahrhunderts, sind seit 1980 immerhin erfolgreich ausgerottet.

Für Sammler- und Jägerpopulationen, aber auch für Ackerbauern, die mit weniger oder anderen Haustieren zusammenlebten, konnte ein erster Kontakt mit Fremden aus einem anderen Seuchenpool verheerende Auswirkungen haben. So schleppten beispielsweise malaysische Seefahrer, die ab 1700 zum Sammeln von Seegurken die Nordküste Australiens besuchten, die Pocken dort ein. Und wie der Evolutionsbiologe Jared Diamond in seinem Buch *Arm und Reich. Die Schicksale menschlicher Gesellschaften* zeigen konnte, war die Durchseuchung mit Zoonosen Fluch und Geheimwaffe der altweltlichen Konquistadoren, als sie auf dem amerikanischen Kontinent ankamen. Die Behauptung allerdings, dass pockenverseuchte Decken als biologische Waffe eingesetzt wurden, ist zwischenzeitlich als akademische Fälschung widerlegt worden. Fazit: Zu viel Nähe zu Tieren ist ungesund; weit ungesünder als sie zu essen.

Die Liste der nachhaltigen Auswirkungen der Neolithisierung ließe sich durchaus noch fortsetzen und um zahlreiche lokale Aspekte bereichern. Doch selbst dieser kurze Streifzug sollte gezeigt haben, welche dramatischen Veränderungen unserer Spezies durch ihren Wechsel in eine neue Ernährungsweise auferlegt wurden. Er zeigt aber auch, dass Fleisch nur eine sehr untergeordnete Rolle spielte, was dadurch unterstrichen wird, dass die durch die Neolithisierung ausgelösten genetischen Anpassungen dazu dienten, eine kohlehydratbasierte Ernährung zu ermöglichen oder Milch metabolisieren zu können. Fleisch war, rein quantitativ, ein fast vernachlässigbarer Aspekt.

Die existenzielle Abhängigkeit aller Agrargesellschaften von ihrem jeweiligen Grundnahrungsmittel – ihrem täglich Brot – war über 10.000 Jahre eine unerschütterliche Realität. Kein

Getreide bedeutete Hunger und Tod. Darüber allzu viel nachzudenken, war ebenso zermürbend wie fruchtlos, war doch die Abhängigkeit der Ernährungslage von unbeherrschbaren externen Einflüssen derartig überwältigend, dass die Entscheidung über Hunger oder Sattheit bei den Göttern allein zu liegen schien.

Da war es weitaus harmloser, über Fleisch zu reden, und auch dazu hatten die Götter bald eine Meinung. Wie wir in den späteren Kapiteln dieses Buches erfahren werden, waren es insbesondere Diskurse über das Fleisch, die die Menschen des agrarischen Zeitalters beschäftigten. Ganz so, als wären sie dankbar, darüber nachsinnen und hitzige Debatten führen zu können, um nicht über den bedrohlich leeren Getreidespeicher diskutieren zu müssen.

Bauern und Viehzüchter

Von agrarischen Systemen und Nahrungsmittel-regimen

Im Mostviertel – der Grenzregion zwischen Nieder- und Oberösterreich, in der der Autor in den 1970ern geboren wurde – war die vorherige Generation mit einer Diät aus gekochten Kartoffeln mit Butter und Salz, Milch und Speck aufgewachsen, die sie als kulinarische Tradition, ohne viel darüber nachzudenken, an die nächsten Generationen weitergab, wie das mit Traditionen eben so ist.

Aus historischen Studien wissen wir, dass die Kombination aus Kartoffeln, Milchprodukten und etwas fettem Schwein einen sicher vor dem Verhungern bewahrt und insgesamt eine durchaus hinreichende Ernährung darstellt, wenn man gelegentlich etwas Obst und Gemüse im Speiseplan unterbringt. Im 19. Jahrhundert hatten die entrechteten und im eigenen Land zu Pächtern und Landarbeitern gemachten katholischen Iren das englische Joch auf Basis einer solchen Diät auch recht gut überstanden. Sie haben sich sogar so sehr vermehrt, dass sie wenig später die gesamte New Yorker Polizei und mehrere Regimenter im amerikanischen Bürgerkrieg stellen konnten, nachdem so viele von ihnen durch das landwirtschaftliche Missmanagement derselben Engländer gezwungen worden waren, nach Amerika auszuwandern.

Kartoffeln, Milchprodukte und etwas geräucherter Schweinespeck sind ein sogenanntes Nahrungsmittelregime. Dieser Begriff umfasst nicht nur die Lebensmittel selbst, sondern auch das ursächlich mit der Ernährungsweise verbundene agrarische System sowie die spezifische Einschränkung des Nahrungsmittelangebots durch die gesellschaftliche Stellung des so Ernährten. In diesem Falle ist das agrarische System postkolumbisch (schließlich enthält es Kartoffeln) und es erfordert die Haltung von Milchkühen und Schweinen. Wenn wir die Essgewohnheiten unserer Vorfahren während des agrarischen Zeitalters verstehen wollen, ist es essenziell, den Zusammenhang zwischen Ernährung, der dahinterstehenden Ökonomie und der jeweiligen ökologischen und sozialen Umwelt der so Ernährten zu analysieren.

Die natürliche Umwelt – Böden, Klima, Vegetationsperioden – bestimmt, welche Kulturpflanzen und Nutztiere in einer bestimmten Region mehr oder weniger gut gedeihen und wie sich diese effektiv kombinieren lassen, um aus dem verfügbaren Land einen stabilen, nachhaltigen und ausreichend krisensicheren Ertrag zu generieren, damit die Bevölkerung auf lange Sicht überleben oder sogar gedeihen kann. Die vielfältige soziale Umwelt – Grundbesitz, Erbregelungen, das Besteuerungssystem, Marktzugang, Haushaltsgröße, Siedlungsweise, Jagdgesetze – bestimmt, welche Kombination aus den potenziell geeigneten Kulturpflanzen und Nutztieren sowie anderen Nahrungsquellen für bestimmte Bevölkerungsgruppen zugänglich sind. So ergeben sich verschiedene agrarische Subsysteme: von der Ziege, den paar Hühnern und dem Gemüsegarten des Häuslers über die Getreide- und Kartoffelfelder und die Kuhweide des Bauern bis zu den Weingärten, der Pferde- und Stallrinderhaltung und der Waldwirtschaft des Großgrundbesitzers. Gemeinsam bilden sie, verbunden durch Märkte und andere Austauschbeziehungen, das agrarische Gesamtsystem einer Gesellschaft.

Die agrarischen Systeme unterschiedlicher Regionen stehen dann oft über Handelsbeziehungen im Austausch miteinander. Bereits 1817 begründete David Ricardo in seinem klassischen Werk *Über die Grundsätze der politischen Ökonomie und der Besteuerung* sein Eintreten für den Freihandel damit, dass die unterschiedlichen klimatischen Bedingungen Länder für unterschiedliche agrarische Produkte prädestinieren – Portugal für Wein, England für Schafwolle – und es daher zum Vorteil aller sei, wenn diese Länder ihre gottgegebenen Güter frei austauschen können. Das nannte er komparativen Kostenvorteil, und der klingt an sich wie eine gute Idee, wenn man dabei dezent verschweigt, dass die *Terms of Trade* natürlich durch den diktiert werden, dessen Royal Navy alle Seehandelsrouten der Welt kontrolliert. Was also schlussendlich durch Eigenproduktion und Handel an Nahrungsmitteln verfügbar ist, kommt – abhängig wiederum von der gesellschaftlichen Stellung derer, die an ihm Platz nehmen – als Nahrung auf den Tisch. Das, was über einen längeren Zeitraum auf den Tisch kommt, abhängig von Jahreszeit, Marktzugang und diversen kulturellen Traditionen, ist das Nahrungsmittelregime.

Auf den Tisch der Familie des Autors kam auch in den 70er- und 80er-Jahren des vergangenen Jahrhunderts regelmäßig eine Kombination von Nahrungsmitteln, welche in seiner Kindheit und für die besagten Iren während des gesamten 19. Jahrhunderts die Basis des Nahrungsmittelregimes gewesen ist. Das hieß bei uns einfach nur „Heiße Erdäpfel" und findet sich so sicher in keinem Kochbuch. Oft greift man zur historischen Rekonstruktion von Nahrungsmittelregimen auf Kochbücher zurück. Diese waren aber durchwegs für die bürgerliche und Oberschicht verfasst, geben also nicht wieder, wie sich die Mehrheit der Bevölkerung ernährte.

Die historisch sicher auch nicht dokumentierten „Heißen Erdäpfel" wurden in der Schale gekocht. Dazu gab es ein etwa nussgroßes Stück Butter, etwas Salz und einen Streifen Speck, der damals definitiv mehr aus Fett als aus Fleisch bestand und der, weil sonst schwer zu kauen, ganz fein aufgeschnitten wurde. Das traditionelle Getränk zu alldem war Buttermilch oder Sauermilch. Je nach Jahreszeit und Verfügbarkeit wurde mit Paprika, Rettich, Zwiebel oder Knoblauch ergänzt und manchmal wurde Topfen (Quark) mit Schnittlauch oder anderen Kräutern dazu gereicht.

Die Mengenverhältnisse erweisen sich in der Rückschau als geradezu exemplarisch für ein bäuerliches Essen im agrarischen Zeitalter. Auf vier bis fünf Kartoffeln (und damit nahe an den 70 Prozent der so verzehrten Kalorien) kam noch etwas Fett in Gestalt der Butter und des Specks; das heißt, es gab gerade so viel Fleisch, wie der Fleischanteil im Speckstreifen war, und die tierischen Fette und Proteine wurden hauptsächlich durch die Milch in einer ihrer haltbareren Formen (Sauermilch) oder als Nebenprodukt der Butterherstellung (Buttermilch) gedeckt. Salz als essenzielles Lebensmittel war ebenfalls sparsam, aber ausreichend vorhanden. Gemüse wurde vor allem in Form lagerbarer Sorten – Zwiebel und Knoblauch – genossen, das Frischgemüse stammte aus dem heimischen Garten.

Verfolgen wir ausgehend von diesem Gericht dieses Nahrungsmittelregime zu seinen Wurzeln zurück. Kartoffeln waren auf dem Land im Österreich der Zwischen- und Nachkriegsjahre die billigste Kohlehydratquelle. Ihre Bedeutung kann man daran ermessen, dass in den Kellern ein eigener Raum mit einem Sandboden versehen war, in dem man sie zur Lagerung über den Winter in großer Menge eingraben konnte.

Kartoffeln waren immer schon die Freunde der Armen gewesen. Die Bauern Schlesiens und der Mark Brandenburg überlebten den Siebenjährigen Krieg angeblich hauptsächlich deswegen, weil die im Boden verborgenen Kartoffeln zum einen nicht wie reife Getreidefelder vom Feind (oder den eigenen Leuten, um besagten Feind die Nahrungsgrundlage zu entziehen) einfach abgebrannt werden konnten, und weil sie auch von plündernden Soldaten, anders als Kornspeicher, in ihren „Bodenverstecken" leicht übersehen wurden. Schon die Bauern des Rheinlandes hatten die Knolle deswegen zu schätzen gelernt, nachdem die durchziehenden spanischen Truppen, die sie aus Amerika mitgebracht hatten, sie auf dem Weg in den langen Unabhängigkeitskrieg der Niederlande dort zuerst hingebracht hatten. Die andine Knollenfrucht hat außerdem den Vorteil, dass sie, anders als Getreide, keine großen Felder und schweres Gerät wie Pflug und Pferd braucht, um effektiv kultiviert werden zu können. Kartoffeln kann man auch im Garten, oder wie ambitionierte Balkongärtner regelmäßig vorführen, in einem Kübel heranzüchten. Alles was man braucht, ist eine Hacke und gute Bandscheiben. Kartoffeln konnten also auch von den Ärmsten hinter dem Haus kultiviert werden, denn einen Gemüsegarten hatte auf dem Land jeder – und bis vor Kurzem lebte auch fast jeder auf dem Land.

Milch, vor allem die länger haltbaren und Nebenprodukte der Milchverarbeitung, war auf dem Land ebenfalls relativ leicht und kostengünstig verfügbar. Pasteurisierte Milch, Butter, Rahm und Käse wurden vor allem für städtische Abnehmer produziert, Nebenprodukte wie Buttermilch, Molke und die oft Zuhause hergestellte Sauermilch waren damit leicht verfügbar. Die Kuh war in erster Linie ein Milchtier, kein Fleischtier. Rindfleisch war daher auf dem Speiseplan selten und vorzugsweise gekocht. Das einzige Fleischtier, das in unserer Geschichte vorkommt, ist das Schwein. Lassen Sie uns daher mit ihm beginnen.

Schwein

Das Schwein wurde, wie die meisten Nutztiere des altweltlichen Agrarsystems, im Nahen Osten domestiziert. De facto war es jedoch mit der Verhaustierung des Schweines lange Zeit nicht weit her. Schweine wurden bis in die frühe Neuzeit nicht im Stall, sondern im Freien gehalten und oft zur Eichelmast in die Wälder getrieben, wo sie es bisweilen mit ihren wilden Verwandten trieben, weswegen sie auch noch lange Zeit recht haarig blieben und beeindruckende Hauer aufwiesen. Ein Eber war eine bedrohliche Erscheinung und hatte mit dem heute populären Bild vom rosa glänzenden Glücksferkel wenig gemeinsam.

Schweine sind unter den Nutztieren eher ungewöhnlich. Sie lassen sich nicht melken, produzieren auch keine Wolle, sind schlecht zu Fuß, bevorzugen Wälder und Feuchtgebiete statt Steppen und brauchen demnach viel Wasser. Sie fressen auch kein Gras, sondern sind Allesfresser, die ein Nahrungsspektrum bevorzugen, das dem des Menschen erstaunlich ähnlich ist, was miteinschließt, dass sie, wie das Filmpublikum seit *Hannibal* mit Anthony Hopkins als Dr. Lecter weiß, auch Fleisch nicht verschmähen.

Überspitzt gesagt hält sich der Mensch mit dem Schwein einen Nahrungskonkurrenten, was im ersten Moment nicht nach einer so wahnsinnig schlauen Idee klingt. Die Weisheit der Lebensgemeinschaft von Mensch und Schwein erweist sich aber am Sautrog. Das war in ländlichen Haushalten bis in die jüngste Vergangenheit ein Behälter, in dem alles gesammelt wurde, was an Nahrungsresten und Nebenprodukten der landwirtschaftlichen Nahrungsmittelverarbeitung so anfiel. Man konnte so gut wie alles in den Sautrog werfen, da Schweine ein derart robustes Verdauungssystem haben, dass sie eigentlich alles verstoffwechseln können, was in ihr Maul passt: das harte oder schimmlige Brot, die Essensreste aus der Küche, die Kartoffelschalen, die sauer gewordene Milch, die ranzige Butter, die Reste von den Maiskolben, auf denen maximal noch ein paar Körner hingen, holzige Rüben, fauliges Fallobst – alles wanderte in den Sautrog. Nachdem der Inhalt noch einmal zur besseren Bekömmlichkeit aufgewärmt und durchgerührt worden war, verwandelten die grunzenden Mitbewohner den ungenießbaren Abfall langsam, aber sicher in Speck.

Die Sau produzierte mit etwas Unterstützung durch den Saubär auch noch regelmäßig einen ganzen Wurf kleiner Schnitzelmaschinen. In erfreulich kurzer Zeit wuchsen diese auf der Basis von Müll und für Menschen nicht essbaren Eicheln, Bucheckern, Wurzeln, Pilzen und was sie sonst noch aus dem Waldboden wühlten, so weit heran, dass man sie in diverse äußerst haltbare, fettreiche Nahrungsmittel wie Speck, Würste, Schinken und dergleichen umwandeln konnte. Das Schwein ist tatsächlich das einzige Nutztier, das allein seines Fleisches wegen gehalten wird. Es konnte diese Rolle als Hausgenosse des Menschen deswegen so erfolgreich ausfüllen, weil es eben so gut wie alles frisst, was auch der Mensch isst, aber nicht mehr essen mag, und noch einiges dazu.

In historischen Agrarsystemen waren Schweine auch deswegen besonders interessant, weil sie flexibel waren. Anders als Grasfresser sind sie nicht davon abhängig, dass Gras auf den Weiden steht, was für nicht nomadische Viehhalter oft einiges an Mühe und saisonalen Arbeitsspitzen mit sich bringt, wie wir später noch sehen werden. Da sie nahe dem Haus gehalten werden, hat man sie immer gut im Blick und ihre Versorgung ist ebenfalls berechenbar. Wird die Speisekammer leer, ist es Zeit für das Schwein zu sterben, weswegen Schweinschlachtungen traditionell im Herbst (nachdem man wusste, wie viel die Ernte für den Winter eingebracht hat) oder im Spätwinter (wenn klar wurde, wie viel noch übrig war) stattfanden.

Diese Termine liegen im liturgischen Kalender der katholischen Kirche erstaunlich treffsicher in den Wochen unmittelbar vor den 40-tägigen Fastenzeiten vor Weihnachten und Ostern. Wer das als Gottesbeweis gelten lassen will, dem sei das unbenommen, ansonsten ist es ein Hinweis, wie eng und sinnvoll in allen Agrargesellschaften der religiöse Festkalender an die Zyklen des bäuerlichen Jahreskreises gebunden war. Dafür noch ein Beispiel: Das Fest der Demeter von Eleusis, bei dem traditionell Jungschweine geopfert wurden, begann im klassischen Athen am 15. des Monats Boedromion, das heißt Anfang Oktober.

Die kalte Jahreszeit war überhaupt wegen der Haltbarkeit für Schlachtungen prädestiniert. Die Schlachtplatte besteht in deutschen Landen daher traditionell aus den Produkten des Schweins – etwa Blut- oder Leberwurst –, die man nicht lange aufbewahren konnte, und wird mit Sauerkraut und Kren (Meerrettich) serviert, beides hiesiges, lagerbares Wintergemüse mit hohem Vitamingehalt und daher sehr vorteilhafter Wirkung in der Schnupfenzeit.

Blutwurst – weil wir schon in Eleusis waren und es von dort zum Peloponnes nicht weit ist – war auch das Nationalgericht der antiken Spartaner. Deren Nachkommen in der Landschaft Lakonien sind bis heute in Griechenland für ihren „Lakonischen Schinken" bekannt. Dieser ist eine Art Selch- oder Pökelfleisch vom Schwein. Schweinehaltung ist überhaupt das Markenzeichen der Landschaft um Sparta, was uns den Blick auf ein anderes, klug kombiniertes Agrarsystem und davon abhängiges Nahrungsmittelregime eröffnet: Lakonien und das angrenzende Messenien sind bekannt für ihre Speiseoliven. Der Ort Kalamata ist nach der Griechenlandurlaubsbegeisterung der 1970er-Jahre auch hierzulande zum Markennamen geworden. Olivenhaine bedecken daher einen nicht unbeträchtlichen Teil der lakonischen und messenischen Landschaft links und rechts des trennenden Taygetos-Gebirges. Solche Olivenhaine sind menschengemachte Versionen der Eichenwälder, welche man historisch hier auch finden konnte, in denen statt Eicheln Oliven von den Bäumen den Schweinen direkt vor den Rüssel fallen. Falloliven werden nicht verarbeitet und die Schweine lassen die Früchte am Baum in Ruhe. Nach der Olivenernte kann man die weniger schönen Speiseoliven an sie verfüttern und nach der Ölherstellung den Pressabfall. Oliven und Schweine ergänzen sich also vortrefflich und bildeten daher seit wohl 3.000 Jahren die Basis eines lokalen Agrarsystems und des darauf aufgesetzten Nahrungsmittelregimes, das die Spartiaten mit ihrer berüchtigten Blutsuppe versorgte.

Griechenlandreisende fühlen angeblich öfter den Hauch der Geschichte, meist angesichts von Tempeln und Ruinen. Auch der Autor fand sich an einem regnerischen Wintertag kurz nach der Jahrtausendwende in einem steinigen Olivenhain auf der Mani plötzlich Auge in Auge mit einem beeindruckenden, urtümlich borstigen Schwein wieder, das lakonisch auf dem Fallobst herumkaute. Wie seine historischen Vorgänger war es offensichtlich in erster Linie daraufhin gezüchtet, eine dicke Speckschicht zu entwickeln, für die auch andere jüngst wieder unter Gourmets beliebt gewordenen halbwild gehaltenen alten Rassen wie Patanegra oder Mangalitza bekannt sind. Wegen dieser Fettschicht ist Schweinefleisch ideal zur Herstellung von lagerbaren Fleischprodukten geeignet. Gepökelt, getrocknet oder geräuchert waren Speck, Lardo, Prosciutto, Pršut, Serrano-Schinken und ihre weniger dehydrierten Verwandten, die Kochschinken, für lange Zeit vor allem deswegen wichtig, weil sie es ermöglichten, Fett und Proteine aufzubewahren. Somit konnten spätere Hungerperioden überstanden werden, oder sie dienten einfach dazu, Fett und Fleisch als kulinarische Komponenten zur Verfügung zu haben, wenn gerade nicht geschlachtet werden konnte. Wer oben aufgepasst hat, weiß jetzt auch, warum wir Osterschinken essen … Na, wie lange liegt das vor der Fastenzeit geschlachtete Schwein wohl in der Pökellake?

Dem mageren Schweinefleisch, das die gesundheitlichen Folgen der Schnitzelorgien der Wirtschaftswunderzeit uns dann eingebrockt haben, hätten unsere Vorfahren wenig abgewinnen können. Die klassischen Rezepte für die Zubereitung der mageren Stücke vom Schwein – zum Beispiel Filet Wellington oder der Osterschinken im Brotteig – hüllen diese daher auch in Teig ein, damit sie nicht zu trocken werden, oder sie werden sicherheitshalber gleich wieder mit einem Speckmantel umgeben. Und wie alle Haustierarten wurde historisch das Schwein vom Rüssel bis zum Ringelschwanz vollständig verzehrt. *Geselchter Sauschädel* war in Österreich – nicht nur wegen seines glückverheißenden Potenzials – ein traditionelles Essen zu Silvester und gekochte Schweinefüße erfreuen sich von Irland (*Crurbeens*) über den ganzen breiten Waldgürtel Eurasiens, wo Schweine bevorzugt gehalten wurden, bis nach Korea (*Jokbal*) großer Beliebtheit. In Norwegen sind sie als *Syltelabb* das traditionelle Weihnachtsgericht. Das Leibgericht des Großen Vorsitzenden

Mao, um die Beliebtheit des Schweins auf der anderen Seite des Kontinents noch etwas zu unterstreichen, soll *Hong Shao Rou* – geschmorter Schweinebauch – gewesen sein.

Was nach all diesen Zubereitungen vom Schwein noch übrig war, kam in die Wurst, eine weitere effektive Methode, neben der Schinken- und Speckherstellung, um Fleisch lagerfähig zu machen. Des Weiteren konnten auch die Borsten des Schweins verarbeitet werden. Aus ihnen wurden Bürsten, Pinsel und dergleichen hergestellt, oder sie gaben als Faserstoff dem Lehmputz auf den Wänden Stabilität. Das Schweineleder, welches bei der Schlachtung des Tiers normalerweise nicht unbedingt vom Fleisch getrennt wurde, musste in einem separaten Vorgang hergestellt werden und war daher teuer. Als besonders weiches, dünnes Leder wurde es historisch vor allem für Bekleidung – etwa Handschuhe – verwendet, und für die teureren Bucheinbände.

Und das alles gespeist aus Abfall und bei geringer CO_2-Produktion! Weil Schweine zwar Paarhufer, aber keine Wiederkäuer sind, tragen sie kaum zum in letzter Zeit heftig diskutierten CO_2-Ausstoß der Viehwirtschaft bei. Gegen das Schweineschnitzel ist aus Klimaperspektive also eigentlich wenig einzuwenden. Aus einer anderen Nachhaltigkeitsperspektive aber mittlerweile sehr wohl: Eine der Absurditäten der modernen Agrarwirtschaft ist, dass wir diese nachhaltige und ökologisch sinnvolle Partnerschaft mit dem Hausschwein (Speisereste gegen Fleisch) kürzlich nach 6.000 erfolgreichen gemeinsamen Jahren zumindest in unserem Teil der Welt einseitig aufgekündigt haben. Das Verfüttern von Speiseresten aus Haushalt und Gastronomie an Schweine ist in der EU nicht länger gestattet. Grund dafür waren angeblich Bedenken, dass durch sie in der industriellen Landwirtschaft gefährliche Infektionskreisläufe entstehen könnten, wie sie für den Rinderwahn verantwortlich gemacht wurden.

Seitdem müssen europäische Schweine Soja fressen, für das wir anderswo auf der Welt wertvolle Agrarflächen verschwenden oder gar unwiederbringliche Urwälder abholzen. Dass die Futtermittelindustrie seitdem von einer die Schweine betreffenden Gesetzgebung profitiert, die sie durch ihre eigene Schlamperei Rinder betreffend mit ausgelöst hat, ist bestenfalls eine Ironie, schlimmstenfalls eine Sauerei.

Rind

Nachdem die Rinder nun schon ihr Fett abbekommen haben, kommen sie gleich an die Reihe. Das Rind wurde vor etwa 10.000 Jahren zwischen Zentralanatolien und dem Westiran domestiziert. Ihre wilden Vorfahren waren die Auerochsen. Eine sensationelle genetische Studie einer Forschergruppe um Ruth Bollognino von 2014 konnte zeigen, dass die sogenannte taurische Erblinie, von der so gut wie alle westlichen Rinder abstammen, auf einer Gründerherde von wohl 80 Kühen zurückgeht, die irgendwann um 8.000 v. Chr. im oberen Tal des Tigris graste. Eine zweite Erblinie führt in die Flusstäler des Indus in Pakistan. Von dieser stammen die sogenannten Zeburinder ab, die im Unterschied zu den taurinen Rindern einen Buckel aufweisen. Sie sind die vorherrschende Variante in Südasien und scheinen sich von dort aus auch nach Afrika verbreitet zu haben. Sicher gab es aber im nahöstlichen Kontaktraum zwischen diesen beiden Stämmen Vermischungen.

Wie ihre wilden Vorfahren sind Rinder Grasfresser, für die Feuchtwiesen und Auwälder – Auerochse (!) – den natürlichen Lebensraum darstellen. Entlang von Wasserläufen mit solchen feuchten und daher mit üppigem Gras bestandenen Flächen, die wegen der Überschwemmungsgefahr und des oft schweren, nassen und sauren Bodens auch für den Ackerbau schlecht geeignet waren, waren Rinder daher ein effektiver Teil des Agrarsystems. Im antiken Mittelmeerraum etwa limitierte die Verfügbarkeit von Feuchtwiesen die Rinderhaltung. Denn auch wenn Rinder trockenere Weiden nutzen können, ist ihre Reichweite hinein in die Steppe limitiert. Rinder sind daher aufgrund ihrer geringeren Fähigkeit, in trockenen Randzonen zu überleben, als nomadisch gehaltene Nutztierrasse den Pferden und Schafen unterlegen, zumal sie auch relativ viel Trinkwasser brauchen. Am Rind scheiden sich also erstmals die zwei grundlegenden Großsysteme: die sesshafte und die nomadische Nutztierhaltung.

Wenden wir uns zuerst dem Rind als Teil eines sesshaften Agrarsystems zu. Rinder kommen aufgrund ihrer genannten Herkunft recht gut mit schlammigem Boden zurecht, was ihre Nutzung als Zugtiere in der Landwirtschaft begründet haben mag. „Eine Frau, ein Paar Ochsen und alles notwendige Gerät", schrieb etwa der Dichter Hesiod, waren die Voraussetzung für einen bäuerlichen Haushalt im archaischen Griechenland. Das Rind eröffnete damit eine historisch enorm wichtige Perspektive, die in der aktuellen Diskussion um die Nutztierhaltung natürlich nicht mehr vorkommt, seit Traktoren den Ackergaul und den Zugochsen ersetzt haben. Bevor wir unersetzliche fossile Brennstoffe verbrannten, um Pflüge und Eggen über die Felder und Bauernkarren mit den Produkten dieser Felder zum nächsten Markt zu ziehen, erledigten diese Aufgabe in den meisten Regionen der alten Welt nämlich Rinder. Genau genommen handelte es sich um Ochsen, also die kastrierten männlichen Rindviecher, welche – vom glücklichen Zuchtbullen einmal abgesehen – auch die einzigen männlichen Rinder waren, denen ein längeres Leben vergönnt war.

Rinder, so könnte man sagen, wurden historisch arbeitsteilig gehalten, weswegen es in den meisten Sprachen auch eine exakte Terminologie gibt, welche Rinder nach Geschlecht, Alter und Nutzung unterscheidet. Wer noch genötigt war, in der Schule Homer zu übersetzen, der stieß auf so seltsame Begriffe wie „Farre" (junger Stier) und „Färse" (weibliches Rind, das noch nicht gekalbt hat). Diese lästige Erweiterung des Lexikons des Schülers ist nicht der Bosheit von Griechischlehrern geschuldet, sondern der einstmals vielseitigen Rolle des Rindes im Leben unserer Vorfahren, welche nach einer entsprechend differenzierten Terminologie verlangte. Von den Kälbern, welche im Winter auf die Welt kamen, war den männlichen der Weg unter das Joch oder ins Schlachthaus vorgezeichnet. Immerhin bedeutete das für viele ein langes, arbeitsames Leben, bis sich in der frühen Neuzeit in Europa, und von dort aus bald überall auf der Welt, wo das europäische Agrarsystem gemeinsam mit dem europäischen Kolonialismus zu dominieren begann, das Pferd als Zugtier in der Landwirtschaft durchzusetzen begann. In Afrika, Indien, Südostasien und vor allem in den Reisbaugebieten Chinas wurden Zugochsen noch lange eingesetzt, wobei dort auch der nah verwandte Wasserbüffel dieselbe Funktion ausübte.

Seitdem, und noch lange bevor vom Traktor die Rede war, ereilte einen Großteil der Jungtiere das Schicksal, das die Göttin Athena jedes Jahr im Sommer zu ihrem Fest von einhundert von ihnen in Attika forderte: Sie wurden geschlachtet. Das Fest der Athena fällt nicht zufällig – wie wir mittlerweile ahnen sollten – in den nach dem hundertfachen Stiermord benannten Monat Hekatombaion Ende Juli bis Anfang August. Nachdem die Rinder gekalbt haben, der Regen im Spätwinter und Frühjahr die Wiesen saftig grün hat erblühen lassen, die Herden sich fettfressen konnten und der Stand und die Zusammensetzung der Rinderherden für das nächste Jahre daher absehbar war, wurden von den männlichen Jährlingen jene ausgesucht, die – offen gesagt – für nichts anderes gut waren als fürs Kalbsgulasch. Dieses wurde beim Fest der Stadtgöttin Athena – *à la grecque* im Topf über dem Dreifuß zubereitet und stand allen athenischen Bürgern als Teil des Opfermahles zu. Kalbfleisch – also das Fleisch männlicher Jungrinder – war daher über die längste Zeit der historischen Agrarsysteme jenes Rindfleisch, das als Brat- oder Schmorfleisch seinen Weg ins Nahrungsmittelregime und so auf den Teller fand.

Sowohl das berühmte *Wiener Schnitzel, Saltimbocca alla romana* wie auch der beim Oktoberfest gebratene Jungochse sind Zeugnisse davon. Dabei konnten immer nur so viele Fleischkälber aufgezogen werden, wie Weiden oder Heu zur Verfügung standen. Deswegen fand im antiken Griechenland, wo die Flussweiden im heißen mediterranen Sommer austrockneten, das große Kälbergemetzel im Sommer statt, während im gemäßigteren Klima Bayerns die Jungochsen im Sommer auf die saftigen Hochweiden getrieben werden konnten und man so bis Herbst damit warten konnte, bevor der Winter die Weidesaison beendete. Mit Heu über den Winter fütterte man nur Milchkühe, Kälber, Arbeitsochsen und Zuchtstiere.

Abgesehen vom Kalbfleisch kam Rindfleisch in den meisten historischen Küchen nur in gekochter oder lange geschmorter Form auf den Tisch, als Rindsuppe und demnach Kochfleisch feiner als *Tafelspitz*, oder als irgendeine Form von Rindsgulasch. Wenn mit Wein zubereitet, dann halt als *Bœuf bourguignon* oder *Böfflamot*, wie der Bayer sagt, oder geschmort, je nach Form des Stückes etwa als *Ossobuco* in einem oder als *Rindsroulade*, die in der kleinen Version dann von Malta (*Bragjoli*) bis Tschechien (*Španělské ptáčky*) beliebt sind. Oft beizt man das Rindfleisch vorher, das heißt, man legt es in Essigsäure ein, um die Proteinketten aufzubrechen und es so mürbe zu machen, woher verschiedene Formen von *Sauerbraten* oder *falschem Wild* kommen. Grund für alle diese Zubereitungsarten ist, dass man historisch Rindfleisch nur verzehrte, wenn ein Rind anderweitig nicht mehr genutzt werden konnte und daher geschlachtet werden musste. Und das Fleisch von Zugochsen und Milchkühen ist nach einem langen, arbeitsamen Leben nun einmal eher zäh. Die einzige andere Methode, diesem Rindfleisch beizukommen, war, daraus Hackfleisch zu machen, was die diversen Hackbraten- und Fleischbällchengerichte (von den türkischen *Köfte* bis zu den schwedischen *Köttbullar*) erklärt und die mittlerweile global dominante Form des Rindfleischverzehrs begründete: die gebratenen Hackfleischscheiben, welche sich zwischen zwei Brothälften im Hamburger befinden.

Das entsprechend saftige und weiche Rindfleisch zum Braten und Grillen von eigens zum Zweck des Fleischverzehrs aufgezogenen, meist männlichen Rindern war über einen Großteil der Geschichte ein Luxuskonsum ersten Ranges. Dieser konnte historisch erst dann und dort Breitenwirksamkeit erreichen, wo sich gewaltige Weideflächen mit modernen Transportmitteln und einer entstehenden Fleischindustrie verbanden. Diese Geschichte wird noch zu erzählen sein, hat aber eine längere Vorgeschichte, die in die Vergangenheit jener Nation zurückreicht, die sich selbst und ihre Esskultur in die Neue Welt verpflanzte. Denn schon als die Engländer und die Franzosen lange davor circa 100 Jahre Krieg um die Krone Frankreichs führten, nannten ihre kontinentalen Feinde die Inselbewohner aufgrund ihrer Vorliebe für diese Fleischzubereitung verächtlich „*les rosbifs*". Die Britischen Inseln mit ihrem maritimen Klima, den saftigen Weiden und milden Wintern erlaubten nämlich schon früh eine umfangreichere Fleischrinderhaltung als andere Regionen, weswegen das „*Roastbeef of Old England*" es nicht nur mit zahlreichen Seitenhieben im Text auf die modische Küche der Erbfeindes in das Volksliedgut der Insel schaffte, sondern tatsächlich auch vergleichsweise häufig als *Sunday Roast* auf den Tellern landete als in anderen Regionen Europas und der Welt.

Der eigentliche Grund Rinder zu halten, war aber ihre Milch. Deswegen ist im Deutschen wie in vielen anderen Sprachen folgerichtig der kollektive Begriff, mit dem weidendes Vieh meist bezeichnet wird, „Kühe", denn mit hoher Wahrscheinlichkeit waren das auch solche. Rinder erbringen von allen Milchtierarten den höchsten Milchertrag. Das hat einfach damit zu tun, dass sie die größten der Milchtiere sind und ihre Jungen daher auch die größte Milchmenge brauchen. Die Milchkuh verbrachte also ihr Leben gehegt, gepflegt und regelmäßig gemolken auf der Weide. Die Stallhaltung von Milchrindern wurde erst viel später zur dominanten Strategie. Da Weideflächen immer nur in begrenzter Zahl vorhanden waren, konnte sich eine durchschnittliche Bauernstelle in der Regel nicht viel mehr als ein Rind, maximal eine Hand voll, leisten. Im antiken Griechenland war der Besitz eines Paares Pflugochsen die Eintrittskarte in die Schicht der wohlhabenden Bauern, der sogenannten Zeugiten. Und noch in fränkischer Zeit wurden – wie in der Gesetzgebung Karls des Großen – große Warenwerte in Rindern gemessen (ein Kettenhemd entsprach dem Wert von zehn Rindern). Zuchtbullen leistete sich meist nur das ganze Dorf einen gemeinsam oder er war im Besitz des Grundherren.

In Europa wurden Rinder als Bestandteil der Dreifelderwirtschaft in den Jahren auf den Feldern geweidet, wo diese brach lagen. Ihr dort hinterlassener Mist erfüllte dabei die Funktion der Düngung, was zeigt, dass Viehhaltung in historischen Agrarsystemen eng und effektiv mit dem Feldbau verbunden war. Auf ähnliche Weise griffen diese beiden Komponenten immer und überall ineinander. Bis wir dann so weit sind, können Sie ja schon mal überlegen: Warum ist Ente wohl in der ost- und südostasiatischen Küche so beliebt? In Europa erfüllte das Rind auf dem Feld Zug- und Düngearbeit und stellte zuhause seine Milch bereit, womit es im alteuropäischen Agrarsystem eine Schlüsselstellung einnimmt. Reine Rinderweiden wie die besagten Feuchtwiesen wurden als Teil der Allmende gemeinsam genutzt und einem Gemeindehirten anvertraut, der auch dafür zu sorgen hatte, dass die Rinderherde des Dorfes ihren Dung gleichmäßig auf allen Feldern hinterließ.

Im Alpenraum tritt sie uns in Form der Almwirtschaft in einer speziellen Ausprägung entgegen. Dort wurden traditionell die Rinderherden oft mehrerer Gemeinden saisonal auf die Hochweiden getrieben, was, wie oben erwähnt, ein Beispiel für die effektive Nutzung marginaler Flächen durch Viehhaltung ist und in manchen Schweizer Kantonen bis heute sehr effektiv nach gemeinwirtschaftlichen Regeln durchgeführt wird, die, wie die Ökonomie-Nobelpreisträgerin Elinor Ostrom zeigen konnte, auf das 12. Jahrhundert zurückgehen.

Auf den Almen – einer übrigens künstlichen Graslandschaft, die nur durch dauernde menschliche Eingriffe und die Beweidung durch Vieh existiert – wurde, wie die stolze Käsetradition historischer Almregionen von der Schweiz über Bayern bis Österreich zeigt, vor allem auch Milch produziert. In der Form von Hartkäse kann man Milch sehr lange haltbar machen und effektiv zum Verzehr ins Tal transportieren. Frische Kuhmilch zu trinken war vor der Kühlung, Pasteurisierung und dem ganzen schon erwähnten System der ländlichen Molkereien und Eisenbahnen ein Privileg, das mit dem Leben auf dem Land verbunden war. Deshalb empfanden es die Städter, welche ab der Mitte des 19. Jahrhunderts mit derselben Eisenbahn in die Berge und von dort als Wanderer auf die Almen gelangten, es als besonderen Genuss, ebendort solche genießen zu können.

Die Eingeborenen dieser Almwirtschaftsregionen wuchsen übrigens schon Jahrhunderte zuvor zu auffälliger Größe heran, denn Milch ist aufgrund der Tatsache, dass sie primär dazu da ist, Kälber aufzuziehen, sehr reich an Kalzium. Deswegen waren unter anderem die Schweizer überall in Europa als Söldner begehrt. Sie machten mit ihrer almmilchgenährten Körpergröße eben in den Gängen des Vatikans und der Tuilerien ordentlich was her.

Diese Form der jahreszeitabhängigen Nutzung von unterschiedlichen Weiden nennt sich Transhumanz und ist wahrscheinlich eine Umlegung von nomadischen Weidestrategien auf eine sesshafte Lebensweise, womit wir bei der zweiten Großstrategie der Rinderhaltung wären: der von den nomadischen Rinderhirten. Rinder spielten im Herdenmix von eurasischen Nomaden immer eine Rolle, waren dort aber mit der Haltung von Pferden und Kleinvieh vermischt; ebenso im Nahen Osten, wo das Kleinvieh dominierte. Dominante Rindernomaden gibt es eigentlich nur in Afrika. Dort fand man noch eine weitere Methode, um Proteine aus Rindern zu gewinnen, nämlich das Abzapfen des Rinderblutes als Nahrungsmittel.

Unter den sehr volatilen klimatischen Bedingungen, etwa der Sahelzone, zeigt sich, dass die kluge Balance zwischen der Größe der Herden und den verfügbaren Weidegründen ein enormes Erfahrungswissen beinhaltet, das nomadische Rinderhirten bis heute bewahren konnten, sie aber oft in Konflikte mit wohlmeinenden, agronomisch gebildeten Regierungsbeamten bringt. Afrikanische Rinderherden schwanken in ihrer Größe um bis zu 70 Prozent je nach den Niederschlägen innerhalb eines Jahres und zeigen die große Flexibilität von nomadischen Viehhirten. Ihre Herden sind eben nicht wie die Massenrinderherden der modernen Ranchwirtschaft auf einen Markt, sondern auf das Überleben der Bevölkerung mit ihren Herden ausgerichtet. Beide werden in oberflächlichen Vergleichen zur Kalkulation der CO_2-Last durch Rinderfürze bisweilen über einen Kamm geschoren. Das ist aber mehr neokoloniale heiße Luft als ein sinnvoller Beitrag zur Klimadebatte.

Wir verlassen nun aber die Rinder an dieser Stelle und fassen nochmal zusammen, dass sie als Zug- und Milchtiere in den historischen Agrarsystemen der Alten Welt einen spezifischen, geschätzten, aber klar umgrenzten Platz einnahmen. Ihr Hauptbeitrag zur menschlichen Ernährung erfolgte über ihre Milch und Rindfleisch stand lange nur unter sehr speziellen Umständen zur Verfügung. Die Tatsache, dass das aus sehr spezifischen, historischen Gründen heute nicht mehr so ist, liefert, wie wir später sehen werden, tatsächlich eines der schwerwiegendsten Argumente in der aktuellen Veganismusdebatte – nämlich dort, wo diese die Fragen der globalen Erwärmung berührt.

Kleinvieh

Wie wir gesehen haben, ist die Haltung von Rindern eher etwas für den Bauern mit ausreichendem Grundbesitz und bringt selbst mittelbäuerliche Schichten, wie die erwähnten altgriechischen Zeugiten, schnell an ihre Grenzen. Für den Kleinbauern oder andere Bevölkerungsschichten, die auf die eigene Milch nicht verzichten wollten oder konnten, bot sich die Ziege an. Ebenso wie das Schaf wird diese unter dem Begriff Kleinvieh zusammengefasst, *pecus* auf Latein, was über die Wortverwandtschaft mit *pecunia* zum Geld führt und wieder zeigt, dass Vieh, anders als Land, sich schon früh als Tauschmittel eignete und Viehhirten eingeübte Talente zum Handel und Wandel mit sich brachten, die dem schwerfälligeren Feldbauern oft abgingen. Dass Juden und Araber, beide im Kerne Kleinviehhirten, zu den bedeutendsten Handelsnationen der Alten Welt aufsteigen sollten, mag vielleicht auch ihrer Vorbildung im Herdenmanagement geschuldet sein.

Schafe und Ziegen wurden beide ebenfalls an wohl mehreren Stellen im Nahen Osten domestiziert. Durch sie konnten sowohl die sesshaften als auch die nomadischen Hirten die Reichweite der Beweidung ausdehnen, da sie als Tiere der kargen Bergweiden des Zāgros- und Taurusgebirges oder des Libanons auf kargeren Böden als Rinder noch genug Nahrung fanden. Ziegen sind mit ihren ausgeprägteren Kletterfertigkeiten und ihrer größeren individuellen Intelligenz noch flexibler als Schafe, da sie auch Blätter von Bäumen abweiden können und diese sogar erklettern. Es ist aber trotz der Unterschiede zwischen diesen Spezies durchaus angemessen, sie gemeinsam zu besprechen, da sie auch oft gemeinsam gehalten wurden. Schafherden werden traditionell mehrere Ziegen untergemischt. Das Schaf als Herdentier folgt seinem Leithammel – oder der Herde als Ganzes – nämlich durchaus in den Tod. Die Ziege dagegen ist Individualist und bleibt beispielsweise an der befahrenen Straße stehen, was umgekehrt einen aufrüttelnden Effekt auf das neben ihr hertrottende Wollvieh hat.

Schafe und Ziegen liefern genauso wie Rinder Milch und Fleisch, wobei dieselbe sexistische Logik das Osterkitz und das Osterlamm zum Tode verdammt, die auch den Pfingstochsen das Leben kostet. Schafe liefern darüber hinaus aber auch noch Wolle, welche über Jahrtausende Menschen in der Alten Welt kleidete. Flachs war keine relevante Alternative und Seide außerhalb Chinas zu selten und teuer. Erst mit der Industrialisierung und der auf Sklavenwirtschaft und kolonialer Ausbeutung beruhenden Ausweitung des Baumwollanbaues über seine Kernregionen im Nahen Osten und Indien hinaus gab es eine relevante vegane Alternative. Da auch die Bekleidung der Familie in historischen Gesellschaften natürlich im bäuerlichen Haushalt hergestellt wurde, war der Besitz von Schafen unabdingbar, spinnen und weben zu können der Ausweis der kompetenten Bauersfrau und eine der wichtigsten weiblichen Beiträge zur Ökonomie, was griechisch ist und „Hauswirtschaft" bedeutet, von der die Hausfrau immer mehr verstand als der nominelle Herr im Haus.

Schafe hatten als Wolllieferanten einen gewaltigen Einfluss auf die Kulturlandschaft, insbesondere dort, wo sie als Zulieferer von der Proto-Textilindustrie in riesiger Zahl von Großgrundbesitzern gehalten wurden. In Spanien verwandelte das System der transhumanten Schafhaltung auf der sogenannten Meseta, der kastilischen Hochebene, schon im Mittelalter riesige Landstriche in Schafweiden. Die Wolle der Schafe wurde schon damals zur Verarbeitung nach England und Flandern exportiert. Das berühmte Merinoschaf wurde extra für diesen Zweck gezüchtet. Später erschlossen sich die englischen Wolltuchfabrikanten näher gelegene Quellen. Im schottischen Hochland galt nach der Niederschlagung der jakobitischen Aufstände im 18. Jahrhundert die Devise: „Sheep eat men." Die heute gerne von Touristen bestaunte Einsamkeit und scheinbare Urwüchsigkeit der schottischen Highlands ist eine schafgerechte Kulturlandschaft, welche durch die Vertreibung der indigenen Bevölkerung zustande kam. Viele von diesen wurden nach Neuseeland oder Australien deportiert, wo sie von den Schafen alsbald eingeholt wurden.

In ähnlicher Weise zerstörten die großen Kleinviehherden der osmanischen Oberschicht – aber auch der griechisch-orthodoxen Klöster – nachhaltig die Vegetation des südlichen Balkans und Anatoliens. Dort führte die Neigung der Ziegen, Schösslinge und junge Triebe abzufressen, zu einer Schädigung und Dezimierung der Waldbestände. Laubwälder in der Region weisen zum Beispiel kaum Unterholz auf, weil die durchziehenden Herden dieses abweiden, was der Verjüngung des Baumbestandes nicht zuträglich ist.

Vor dem Hintergrund der anhand des Rindes illustrierten Einbindung von Nutztieren in die agrarischen Systeme von Ackerbauern und Hirtennomaden ist Wolle der wesentliche zusätzliche Faktor, der das Schaf hervorhebt. Die Ziege konnte sich nie vom Ruf befreien, einfach die billigere Kuh zu sein. Doch haben Schafe und Ziegen andere, weniger offensichtliche Vorteile. Sie sind kleiner, verbrauchten individuell weniger Weideressourcen und sind daher auf der gleichen Fläche in größerer Zahl zu halten. Dies machte die Herden flexibler, weil „granularer", da die Schlachtung eines Schafes oder einer Ziege eine kleinere Einheit aus der Herde entfernte. Dadurch konnte man die Herdengröße und ihren Weidebedarf gezielter steuern und auch den Fleischkonsum besser dosieren. Bei Hirtennomaden wird daher zu Ehren eines Gastes gern ein Hammel oder eine Ziege geschlachtet und zubereitet; diese Fleischmenge konnte man in der Großfamilie mit den Gästen auf einmal essen. Ein Rind zu töten, rentiert sich nur, wenn viele Leute zusammenkamen, wie beispielsweise bei den bereits beschriebenen Opferfesten. Solange das Vieh nämlich am Leben ist, braucht man sich über Verarbeitung und Lagerung keine Gedanken zu machen, und es geht auf eigenen Hufen dahin, wo man es haben will. Vor der Erfindung der Kühlung und moderner Transportinfrastrukturen waren dies angesichts der Verderblichkeit von Fleisch entscheidende Vorteile.

Schaf- und Ziegenfleisch spielte daher in der Ernährung lange ein sehr viel wichtigere Rolle als heute, welche aber durch den Bedeutungsverlust des Schafes als Lieferant von Wolle und dem Bedeutungsverlust der Ziege als Milchtier durch die Ausweitung der industriellen Rinderhaltung und das Molkereisystem schon im Zuge der Industrialisierung stark zurückgedrängt wurde. Unsere traditionelle Ernährung, welche noch bis ins 19. Jahrhundert sehr oft auf Schaf- und Ziegenfleisch zurückgriff, wurde danach sehr schweine- und rinderlastig und hat sich von dieser industriellen Deformation erst langsam wieder erholt.

Dass es heute auch unter begeisterten Fleischessern im Westen viele gibt, die den starken Geschmack von Schaf- und Ziegenfleisch nicht schätzen, hat mit dieser Entwöhnung zu tun. Allein im wollverliebten England sind die *lamb chops* mit Minzsauce nie vom Speiseplan verschwunden, ebenso wenig wie überall zwischen dem Balkan und dem Nahen Osten, wo die lange Dominanz der islamischen Religion den Umstieg auf das Schwein unmöglich machte.

Geflügel

Schaf- und Ziegenfleisch spielten im Fleischkonsum historischer Gesellschaften also eine weitaus größere Rolle als in der jüngeren Vergangenheit; doch mengenmäßig kam der Verzehr aller anderen Fleischsorten nie an Geflügel und Eier heran. Die Haltung von Geflügel wurde erst einige Jahrtausende später als die meisten anderen Nutztierarten eingeführt, wohl ebenfalls zwischen Persien und dem Nahen Osten. Sie versorgte die Menschen in erster Linie durch ihre Eier mit einer täglichen Proteinration, welche zeitweise so wichtig war, dass der römische Arbeitstag etwa *ab ovo usque ad mala* (vom Ei zum Apfel), also vom Frühstücksei bis zum Obst als Nachspeise des Abendessens, definiert wurde. Wir brauchen uns hier nicht länger aufzuhalten, wenn wir das als den eigentlichen Nutzen der Tierhaltung begreifen und dementsprechend dieselbe geschlechtliche Selektion bemerken: Das Brathähnchen ist natürlich ein junger Hahn, ein überlebender Hahn allein regiert den Hühnerhof, wenn er nicht als Kapaun kastriert und gemästet ein etwas ruhigeres und entsprechend fetteres und längeres Leben führen darf. Die Suppenhenne landet erst in derselben, nachdem sie ihr eierlegendes Leben nutzbringend hinter sich gebracht hat.

Hühner und die später aus Amerika eingeführten Truthähne, die dort eines der wenigen domestizierbaren Nutztiere waren, scharren traditionell den Hühnerhof nach Würmern und allerlei Insekten um. Dadurch wurde auch diese Nahrungsquelle längst indirekt dem Menschen erschlossen, noch ehe sich moderne Nahrungsmitteltechniker über den Nutzen von Maden, Heuschrecken und Mehlwürmern für die Welternährung Gedanken machten. Vornehmlich wurden sie aber mit Getreide gefüttert, das heißt, ihre Einbindung ins agrarische System bestand darin, bei hohem Flächenertrag auf den Feldern, die produzierbaren Kohlehydrate in Ei(weiß) umzuwandeln.

Enten und Gänse – sehr selten auch Schwäne – erweiterten diese vogelgestützte Erschließung alternativer Nahrungsquellen auf und vor allem unter das Wasser. Was den Eierertrag betrifft, sind sie allerdings nicht so effektiv wie Hühner. Man kann sich die Geflügelherden traditioneller Agrarsysteme als extrem effektive Nahrungsstaubsauger vorstellen, weil sie aus zahlreichen kleinen, mobilen, selbstsuchenden Einheiten bestanden, die, zwischen dem Gras, das das Vieh abweidete, und jenseits der Räume, die dieses erreichen konnte, noch all jene Nahrungsangebote wahrnahmen, die die Natur bot.

Wenn man sieht, wie in Ostasien riesige Entenherden in die überschwemmten Reisfelder getrieben werden, um sich dort von Schädlingen und Unkraut zu ernähren, dann begreift man nicht nur, wie effektiv und verschränkt historische Agrarsysteme waren, man hat auch die Antwort auf die oben gestellte Frage: Enten spielen in der Küche reisanbauender Völker deswegen eine große Rolle, weil sie als Wasservögel perfekt in die Nassreis-Kultivierung integriert werden können. Geflügel erlaubt eine noch feiner granulierte Steuerung der tierischen Proteinproduktion und des Verbrauches im bäuerlichen Haushalt. Man benötigt kaum Flächen, die man anderweitig besser nutzen könnte, oder erschließt mit Wasservögeln die dörflichen Weiher und Teiche als zusätzliche Nutzfläche.

Neben den genannten Geflügelsorten, die Ihnen wahrscheinlich auch zuerst eingefallen wären, spielten in der Ernährung unserer Vorfahren noch Tauben eine Rolle. Heute sind diese weitgehend aus der Haltung verschwunden, weil die Taubenzucht eher ein Mitnahmeeffekt war. Wilde Tauben, in Europa die Felstauben, fanden sich von selbst auf den Bauernhöfen ein, um das dort vorhandene Nahrungsangebot zu nutzen, und vielleicht, weil sie die von Menschen errichteten Bauwerke für Felsen hielten. Wegen ihrer Standorttreue, ihres Lebens in Schwärmen und ihrer Genügsamkeit wurden sie dann zum fixen Bestandteil des tierischen Inventars, genauso wie die Schwalben und Sperlinge im Stall und die diversen Nager, die den Menschen als Kulturfolger begleiten. Da die Taube auf dem Dach – anders als der Spatz in der Hand – hinreichend groß ist, um eine relevante Mahlzeit abzugeben, und durch das nahe Zusammenwohnen an den Menschen gewöhnt war, dürften Tauben früher oder später sozusagen schleichend domestiziert worden sein. Bauern stellten, ohne sonst viel dafür zu tun, einfach ein Taubenhaus auf, die Tauben versorgten sich weitgehend selbst, kamen sicher wieder zurück und bezahlten Heim und Kost damit, dass gelegentlich einige von ihnen auf dem Teller landeten.

Charles Darwin war der Erste, der die Abstammung der Haustaube von der Felstaube postulierte, und die oben genannte Theorie wird durch genetische Untersuchungen gestützt, die zeigten, dass – anders als bei den großen Nutztieren – nicht eine Population in einer Weltregion die Vorfahren aller heutigen Haustauben stellte. Stattdessen weist die jeweilige lokale

Wildtaubenpopulation die größte genetische Übereinstimmung mit den örtlichen Haustauben auf. Von einer Domestikation der Taube im klassischen Sinne kann also nicht gesprochen werden. Sie hat sich die von Menschen geschaffenen künstlichen Felslandschaften einfach erobert und gebärdet sich auch bis heute in den größten, menschengemachten Felswüsten so – zumindest scheißt sie mit Vorliebe auf die Monumente des Homo sapiens.

Andere Nutztiere

Auch wenn Schweine, Rinder, Schafe, Ziegen und Geflügel prozentual den größten Anteil an der Ernährung unserer Spezies hatten, soll der Vollständigkeit halber abschließend noch auf die Tierarten eingegangen werden, welche eigentlich zu anderen Zwecken domestiziert und gehalten wurden, aber ebenfalls zur menschlichen Ernährung beigetragen haben. Als erstes sind dabei Pferde und Esel zu erwähnen, die natürlich in erster Linie als Reit-, Trag- und Zugtiere gehalten wurden. Wie bei Rindern handelt es sich um große Säuger, die viel Gras und Wasser brauchen, wobei sie aber meist genügsamer sind als diese. Pferde und Esel können auf eher trockenen, mageren Weiden gehalten werden, wo Rinder kaum mehr etwas Essbares finden. Dementsprechend existierten die größten Pferdeherden historisch in den Steppenregionen Asiens, wo dieses Tier auch beheimatet ist und wohl domestiziert wurde. Weil es sie dort in so großer Anzahl gab, spielte auch die Milchleistung der Stuten eine Rolle. Diese blieb aber weit hinter der von Rindern zurück, die außerdem langsamer, folgsamer und weniger scheu sind. Pferde sind Fluchttiere und Rinder sind Herdentiere, die sich bei Gefahr als Herde zusammenrotten, auf der Stelle stehen bleiben und ihre Hörner nach außen richten. Beides förderte unterschiedliche Formen der Domestikation. Sesshafte Ackerbauern entschieden sich immer für das Rind vor dem Pferd. Pferde waren für sie in erster Linie Reit- und Tragtiere und dementsprechend ein Luxustier, welches vor allem von der Oberschicht für Transport- und Kriegszwecke gehalten wurde.

Pferdefleisch spielte daher historisch kaum eine Rolle und in manchen Bevölkerungen ist sein Verzehr immer noch mit einem unausgesprochenen Tabu belegt. Natürlich hat aber niemand einen essbaren Kadaver liegen gelassen, und der Abdecker, oft in Personalunion mit dem ohnehin übel beleumdeten Henker, machte dann aus dem Pferd nominell Leim, verkaufte aber das genießbare Fleisch an all die, die sich nichts anderes leisten konnten. In Regionen, in denen Esel und Pferde aufgrund der klimatischen Verhältnisse in größerer Zahl gehalten wurden, existierte dieses Tabu nie, weswegen in zahlreichen Wurstwaren aus dem Mittelmeerraum Eselfleisch und in solchen aus Osteuropa, wie in der ungarischen Salami, auch Pferdefleisch enthalten sein kann. Der Skandal, als vor einigen Jahren ruchbar wurde, dass Pferdefleisch aus ungarischer und rumänischer Produktion heimlich seinen Weg in deutsche Wurstwaren gefunden hatte, hatte mehr mit diesen tief verwurzelten kulturellen Vorurteilen zu tun als irgendetwas mit der Qualität des Fleisches. Die ahnungslose Kundschaft hatte zuvor die hygienisch und in der Verarbeitung tadellose Wurst ja auch mit Gusto verzehrt, und die Verantwortlichen hatten wohl auch nur zu der arglistigen Täuschung gegriffen, weil sie wussten, dass mit Pferdewurst in Westeuropa kein Geschäft zu machen ist.

Eine gewisse Zeit lang hatte das Pferdefleisch auch hier bei uns eine größere Rolle gespielt, als nämlich mit der Neuzeit durch verbessertes Pferdegeschirr und effektivere Landwirtschaft das Pferd, wie schon erwähnt, den Ochsen als Zugtier ablöste. Seitdem vermehrte sich die europäische Pferdepopulation rasant, vor allem auch, weil die wachsenden Armeen der neuzeitlichen Monarchien parallel einen großen Bedarf an Militärpferden entwickelten. Mit dem ersten Schritt der Modernisierung der Mobilität kamen die Postkutschen auf die Straßen und ihren Höhepunkt erreichte die westliche Pferdepopulation im 19. Jahrhundert. Eisenbahn und Dampfschiffe hatten das Problem des Transportes über große Distanzen gelöst, Pferdewagen mussten jedoch alles zwischen dem Bahnhof oder dem Hafen und dem Endverbraucher erledigen.

Dementsprechend hatten die rasant wachsenden Metropolen des Dampfzeitalters vor allem eins: ein Problem mit Pferdescheiße. Der erste internationale stadtplanerische Kongress, der 1885 in New York stattfand, hatte demnach auch nur dieses eine Thema und fand keine Lösung dafür. Durch den Siegeszug des Autos wurde das Pferd schließlich als Transportbehelf abgelöst und die Pferdepopulation schrumpfte wieder massiv zusammen. Für einen kurzen Moment aber, am Ende des 19. Jahrhunderts und bis in die Zwischenkriegszeit, war Pferdefleisch vor allem im städtischen Umfeld reichlich und billig zu haben, was zu dem lokalen Phänomen führte, dass Pferdeleberkäse bis heute in Wien, sonst wo in Österreich aber kaum, nachgefragt wird.

Je nach Region waren andere Milch- und Fleischtiere von ähnlicher lokaler Bedeutung, wie etwa Kamele in der arabischen Welt, Yaks in Tibet. Der Überraschungskandidat, allerdings als reines Fleischtier, ist in dieser Liste vielleicht noch das Meerschweinchen in Peru sowie Hunde und Katzen, welche in China und Südostasien bisweilen verzehrt werden. All diesen „exotischen" Nutztieren ist gemeinsam, dass sie ebenso wie die dominanten Nutztierarten in ihrer jeweiligen Heimatregion in sehr spezifische, historische Agrarsysteme eingebaut sind. Das Kamel als wüstengängiges Reit- und Tragtier liefert wie das Pferd auch Milch und Fleisch, die nah verwandten Spezies wie Yak oder Wasserbüffel nehmen Funktionen ein, die denen des Rindes vergleichbar sind.

Das Meerschweinchen hingegen findet sich, und da passt der seltsame Name einmal, tatsächlich in einer ähnlichen Rolle wie das Schwein. Auf dem amerikanischen Doppelkontinent hatten die dortigen Völker, wie schon erwähnt, eine sehr geringe Auswahl an domestizierbaren Großtieren, weswegen sie ihren Fleischbedarf weiterhin durch Jagd deckten. Das Meerschweinchen in den Anden war da eine Ausnahme. Dort wird es bis heute oft in kleinen Käfigen in der Küche gehalten und mit Gemüseabfällen gefüttert, bis es selbst den Weg in den Kochtopf findet. Wie hoch dieses kleine Tierchen geschätzt wird, zeigt sich unter anderem daran, dass in vielen Darstellungen des letzten Abendmahles in alten Kirchen von Lima und Cusco Jesus und die Jünger ein traditionelles Meerschweinchengericht verzehren. Eine ähnliche Rolle kommt in der Alten Welt übrigens Kaninchen und Stallhasen zu, deren Verzehr uns – weil kulturell bei uns üblich – weitaus weniger beunruhigt.

Hunde, Katzen und auf der japanischen Insel Hokkaido auch Bären sind unter den wenigen Fleischfressern, die domestiziert und verzehrt wurden. Beispielsweise aßen die Azteken in Ermangelung anderer Haustiere Hunde, wie uns die spanischen Chronisten berichten, wobei aus der Beschreibung nicht klar wird, ob das Hundefleisch als besonders edel oder besonders übel empfunden wurde. In Südostasien sind Hunde und Katzen vor allem eine Prestigespeise. Dies ist auch vollkommen logisch. Die Aufzucht von Fleischfressern als Fleischquelle ist maximal ineffektiv, weil man sie ja mit Fleisch füttern muss, das man auch selbst essen könnte. In keinem historischen Agrarsystem spielen daher Fleischfresser eine relevante Rolle und ihre Funktion als Nahrungsmittel für Menschen kann als marginal vernachlässigt werden. Berichten zufolge soll das Fleisch von Fleischfressern auch kein Genuss sein. Angeblich hat es einen starken Geschmack von verdorbenem Fleisch, weil die Fleischfresser in ihrem Körper ja auch Proteine aus Fleisch metabolieren, also zersetzen.

Es könnte also durchaus stimmen, wie manche Propagandisten des Veganismus behaupten, dass man auch bei menschlichen Fleischessern ihre Diät riechen kann; schließlich ist Schweiß, der wesentliche Träger des Körpergeruches, ja ein metabolisches Produkt. Im Falle einer Zombie-Apokalypse ist also das Untertauchen in einer Gruppe wohlschmeckender Veganer möglicherweise eine kluge Überlebensstrategie.

Wild

Trotz des beschriebenen Löwenanteils, den die dominanten Nutztierrassen beim Fleischkonsum einnahmen, hörten die Menschen nicht auf, Wildtiere zu jagen. Jedoch wäre der Versuch zum Scheitern verurteilt, einen ähnlichen Überblick über

Jagdwild zu geben, wie ich es bei den Haustieren gemacht habe. In den zahlreichen Ökosystemen, in denen sich unsere Ackerbauernvorfahren überall auf der Welt wiederfanden, jagten und sammelten sie weiterhin, was auch immer lokal so kreuchte und fleuchte. Die Palette ist also sehr viel größer und reicht vom wilden Truthahn, den sich der sonst Mais anbauende Irokese aus seinen Jagdgründen holte, über den Springbock, den der Rinder haltende Zulu erlegte, bis hin zum Feldhasen, den der Athener mit der Schlinge fing, um mit dem begehrten Wildbret die Gunst eines hübschen Knaben zu erlangen.

Die Rolle von Wild in der Fleischversorgung historischer Gesellschaften darf nicht unterschätzt werden. So war es beispielsweise auf dem amerikanischen Kontinent aufgrund des Mangels an domestizierbaren Großtieren weiterhin die Hauptquelle von tierischem Protein auch bei jenen Gruppen, die zum Ackerbau übergingen oder gar große und beeindruckende Zivilisationen begründeten. In der Alten Welt behielt die Jagd je nach Region einen unterschiedlichen Stellenwert. Sie war etwa im mittelalterlichen Europa nicht nur Passion und bevorzugter Zeitvertreib der Oberschicht, sondern sie trug tatsächlich, wie Studien zeigen, relevant zur Versorgung der adeligen Haushalte mit Fleisch bei. Gleichermaßen sammelten am anderen Ende des sozialen Spektrums etwa weiterhin die armen Fischer auf den kargen Hebriden die Eier von auf den Klippen nistenden Seevögeln, um ihren Proteinbedarf zu decken.

Je dichter die lokale Bevölkerung und je komplexer infolgedessen die jeweiligen Gesellschaften und deren Durchdringung der Landschaft wurde, umso stärker wurde auch das lokale Angebot an Wild geformt. Der besagte Feldhase fand in den hochkultivierten Feldern und Olivenhainen des antiken Attika noch Platz, wer aber der Jägerin Artemis nacheifernd Hirsche, Wildschweine oder Rehe jagen wollte, musste sich schon ins bergige Hinterland begeben. Und wo, anders als im demokratischen Athen, eine starke monarchische Gewalt herrschte, wurden die Hirsche in des Königs Wälder bald von Jagdaufsehern vor der Begehrlichkeit der Untertanen geschützt, was der Erzählung nach ja den jungen Robin von Locksley zum ersten Mal in Konflikt mit dem Gesetz gebracht haben soll; so wie nach ihm noch manch anderen Wilderer.

Mit der unmittelbaren Nachbarschaft von Feld und Wald wurde die Bejagung der Wildbestände jedoch auch zunehmend zu einer Notwendigkeit, um etwa die Rehe aus den Gärten oder die Wildschweine vom Kartoffelacker fernzuhalten; ganz abgesehen davon, dass natürlich Hühnerhaus und Schafweide vor Füchsen und Wölfen geschützt werden wollten. Dort, wo die agrarische Zivilisation einen gewissen Stand erreicht hatte, führte aber die gnadenlose Verfolgung der großen Raubtiere alsbald dazu, dass der Mensch zunehmend deren Rolle übernehmen musste, um die nun nicht mehr natürlich regulierten Wildbestände unter Kontrolle und von seinen Feldfrüchten fern zu halten.

In der Corona-Krise etwa brach der Absatz von Wild in Österreich stark ein, da die gesperrte Gastronomie, vorher einer der Hauptabnehmer, nicht im üblichen Ausmaß nachfragte. Die Folge war, dass die Jägerschaft die Abschussquoten zwar erfüllen musste, aber das Fleisch nicht absetzen konnte, was deutlich macht, wie sehr die künstliche Regulierung des Wildbestandes heute zwingend notwendig geworden ist. Selbst wenn wir von heute auf morgen zum kollektiven Veganismus übergehen würden, müssten wir weiterhin Bambi und Klopfer abknallen, um zu verhindern, dass unsere Felder und Gärten von ihnen und ihren zahlreichen Nachkommen überrannt werden; außer wir sorgen ebenso schnell dafür, dass wieder ausreichend Bären, Wölfe, Luchse und Füchse in unseren Wäldern diese Aufgabe übernehmen. Angesichts der geradezu hysterischen Reaktionen, welche die Rückkehr einiger weniger Wolfsrudel nach Mitteleuropa in den letzten Jahren in der Bevölkerung ausgelöst hat, erscheint das zumindest gegenwärtig als eine schwer vorstellbare Lösung.

Fisch

Fisch hat immer als Teil des „Jagdwildes" der Sammler und Jäger je nach Zugang zu Gewässern eine große Rolle gespielt. Historisch darf man daher die Bedeutung von Fisch als Quelle tierischen Proteins nicht unterschätzen. Der Reichtum der Gewässer schien im Vergleich zu den bald streng gehüteten Ressourcen der Wälder immer schier unerschöpflich, und erst mit der Industrialisierung wurden auch hier die Grenzen des natürlichen Überflusses erreicht, wie die nun schon seit einigen Jahren laufende Debatte über die Überfischung der Meere deutlich macht.

Das mittelalterliche Jagdrecht hat den Bauern meist die Fischerei in den Gewässern des Grundherren in einem überschaubaren Ausmaß erlaubt und die Meere waren ohnehin niemandes Domäne. Fisch war mancherorts extrem begehrt, wie die Obsession der antiken Athener mit besonders seltenen Speisefischen belegt, andernorts verschmäht, wie Dienstbotenordnungen aus dem Rheinland belegen, welche die Anzahl der Tage, an denen dem Hauspersonal Lachs vorgesetzt werden durfte, genau regelten. Wo Fisch reichlich vorhanden war, war er, wie das letztere Beispiel zeigt, vor allem eine billige Nahrungsquelle. Doch selbst dort, wo er nicht frisch aus lokalen Gewässern zur Verfügung stand, wurde er gesalzen, geräuchert oder getrocknet als Stockfisch importiert und blieb ein Grundnahrungsmittel. *Kipper* – geräucherter Hering – gehört daher ebenso zum englischen Frühstück, wie *Bacalao* nicht aus der portugiesischen Küche und Räucherlachs nicht vom schwedischen *Smörgåsbord* wegzudenken ist. Der Japaner zeigt noch heute eine ähnliche Begeisterung für Thunfisch wie der alte Römer und in Binnenländern wie Tschechien und Polen ist Karpfen ein Nationalgericht.

Mit den Karpfenteichen der Klöster, welche angelegt wurden, um mit dem kirchlich verordneten Bedarf der Bevölkerung an Fisch in der Fastenzeit nebenher noch Profit zu machen, beginnt die Kultivierung auch unter die Wasseroberfläche vorzudringen. Was mit Fischteichen und Muschelkörben begann, hat heute in Gestalt der Aquakultur eine neue Dimension erreicht. Auch die früher für unerschöpflich gehaltenen Proteinressourcen des Meeres müssen angesichts des Bedarfs der wachsenden Menschheit ebenso gehegt, gepflegt und domestiziert werden wie vordem die des Landes. Wer sich genauer für den Einfluss der Fischerei auf die Geschichte Westeuropas interessiert, dem sei an dieser Stelle das spannende Buch des Historikers Mark Kurlansky über den Kabeljau empfohlen. In diesem Buch hingegen möchte ich fortan die Fischerei beiseitelassen, damit es der Gefahr entgeht, am Ende nicht Fisch und nicht Fleisch zu sein.

Bambi

Falls Sie in der bisherigen Darstellung die Erwägung vermissen, dass in all diesen Arrangements Tiere leiden und sterben müsse, um von Menschen gefressen zu werden – auch dies soll ja für manche ein Argument für ihre Ablehnung des Fleischkonsums sein –, dann legen Sie das bitte meiner evolutionistischen Perspektive zur Last. Aus evolutionärer Sicht sind Einzelschicksale nämlich irrelevant. Der Erfolg einer Spezies wird allein daran gemessen, wie erfolgreich und zahlreich sie sich fortpflanzt. Davon abgesehen, dass es die meisten domestizierten Tierarten in der Form, wie sie heute existieren, ohne ihre Rolle als menschliche Nutztiere gar nicht geben würde, sind unsere Hausgenossen im evolutionären Vergleich extrem gut gefahren. Heute machen domestizierte Säuger circa 60 Prozent der Biomasse unter den Säugetieren aus. 34 Prozent sind Menschen und sechs Prozent wild lebende Säuger. Beim Geflügel kommen auf jedes Kilo wild lebender Vögel drei Kilo Federvieh. Für unsere Nutzpflanzen gilt das übrigens genauso. Der beste Rat, dem man einer Spezies in Zeiten des rasanten Artensterbens also geben kann, ist der, sich domestizieren zu lassen.

Was aber aus dem durchaus ehrenwerten und völlig nachvollziehbaren Widerwillen vieler, die sich gegen die Verhältnisse in der modernen, industrialisierten Viehhaltung lautstark zu Wort melden, abgeleitet werden kann, ist die emotionale Nähe, die wir Menschen zu unseren Nutztieren entwickelt haben. Sie sind in der Zeit, als sie unsere alltäglichen Begleiter waren, für uns zu weit mehr geworden als Lieferanten von Fleisch, Milch oder Wolle. Wie zu allen Dingen in der Welt ist auch unser Verhältnis zu unseren Nutztieren kulturell kodiert, vielschichtig und komplex und es verändert sich mit dem Wandel unserer Lebensverhältnisse und damit unserer Kultur.

Unbemerkt, wie der österreichische Verhaltensforscher Kurt Kotrschal feststellt, hat sich nämlich in den letzten Generationen in den wohlhabenden Schichten der globalisierten Bourgeoise ein solcher Wandel eingestellt, der uns *Weird Folks* heute fundamental von unseren bäuerlichen Vorfahren unterscheidet: Wir leben zwar immer noch zu einem erklecklichen Teil von Tieren, aber kaum mehr mit Tieren, vor allem nicht mehr mit Nutztieren. Wir erlernen daher nicht mehr den Umgang mit einem Wesen, das wir versorgen und pflegen, das wir vielleicht sogar herzen und streicheln, solange es klein und niedlich ist, um das wir uns sorgen, wenn es krank ist, mit dem und seinen Eigenheiten wir uns täglich auseinandersetzen müssen (blöde Kuh, dummes Huhn, faule Sau!), das von uns abhängig ist, von dessen Gedeih aber auch wir abhängig sind, das wir aber gleichzeitig die ganze Zeit als Quelle von Nahrung und Wärme und am Ende als begehrtes und seltenes Festmahl begreifen.

Die Entfremdung von der Realität des Lebens mit Nutztieren führt erstaunlicherweise auf die Distanz zu einer Vermenschlichung des Tieres. Sie ist eine natürliche Folge der erstaunlichen Empathiefähigkeit des Homo sapiens, die sich aber erst unter den aktuellen Produktionsbedingungen in der Viehwirtschaft bei maximaler Distanzierung zwischen Endverbraucher und Herstellungsprozess so ausprägen konnte. Der amerikanische Anthropologe Matt Cartmill hat dafür den Begriff Bambi-Syndrom geprägt. Es ist Teil eines weiterreichenden Phänomens, das sich mittlerweile *nature deficit disorder* (Natur-Defizit-Störung) nennt und zunehmend vor allem Kinder und Jugendliche in städtischen, wohlhabenden Schichten betrifft, wo demographisch ja auch die aktuelle Veganismuswelle zu verorten ist, wie wir später noch sehen werden. Kennzeichnend für diese Erscheinung ist eine maximale Romantisierung, Verniedlichung und Vermenschlichung von Tieren und der Natur an sich bei gleichzeitiger zunehmender Unkenntnis der Fakten und fast völlig fehlender Erfahrung im alltäglichen Umgang mit Tieren und der natürlichen Umwelt.

Unsere Reaktion hat hier oft wenig mit der durchaus berechtigten, rationalen Empörung über erbärmliche Bedingungen in Tiertransporten, Schlachthöfen und Stallungen zu tun. Untersuchungen, die die Reaktion auf Misshandlungen an Tieren gemessen haben, bestätigen diese Annahme. Sie konnten zeigen, dass Tiere, welche sehr stark dem sogenannten Kindchenschema (große Augen, runde Gesichtszüge, proportional große Ohren und kleine Zähne) entsprechen, die stärksten mitleidigen Reaktionen auslösten. Grausamkeiten an Tieren, die dem nicht entsprachen – etwa Haien, denen ebenfalls durch menschlichen Konsum von Haiflossensuppe die Ausrottung droht –, riefen demgegenüber wenig bis gar keine Reaktion hervor.

Nutztieren kommt hier zugute, dass sie, wie Konrad Lorenz feststellte, in ihrer Domestikation zunehmend zur Neotenie neigen, das heißt, dass sie auch als ausgewachsene Tiere vermehrt Züge aufweisen, die man sonst mit den Jungtieren der wild lebenden Ursprungsspezies assoziiert. Dazu gehört die Reduzierung des Fells (zum Beispiel beim Hausschwein), die Farbänderung von Tarnfarben hin zu vielfältigeren, auffälligen Farbvarianten (gelbe Entchen und Küken), die Reduzierung des Gebisses (Hauer beim Eber) und von Hörnern (Rinder), das Auftreten von Hängeohren (Hunde, Kaninchen), einer steileren Stirn und größeren Augen. Der russische Genetiker Dmitry Belyayev konnte durch Zuchtexperimente an Füchsen zeigen, dass diese Eigenschaften nicht zufällig auftreten, sondern durch die Zuchtwahl von zutraulicheren und freundlicheren Exemplaren ausgelöst werden.

Konrad Lorenz bemerkte, dass ähnliche Erscheinungen auch auf Menschen zutreffen. Auch Menschen, genau genommen Frauen, haben im Laufe der Evolution – wir erinnern uns an das erste Kapitel – unsere Spezies domestiziert, indem sie freundlicheren, kooperativeren und väterlicheren Männchen den Vorzug gaben. Wie regelmäßig immer wieder gezeigt wird, ist eben nur eines von vieren ein Kuckuckskind vom Seitensprung mit dem Macho, die anderen drei sind vom braven Gatten im Flanellpyjama, was für diesen einen 3:1-Fortpflanzungssieg bedeutet. Menschenfrauen züchteten bewusst Menschen, die auf das Kindchenschema besonders gut ansprangen, weil das die beste Strategie war, dass sich der Herr Papa um die Kleinen kümmerte. Wenn wir süße Tiere im Zoo unbedingt füttern wollen, ist dies bereits eine Übertragung eines Verhaltens, das eigentlich für Menschenbabys gedacht war, auf Tiere. Dass wir uns bemüßigt fühlen, knuddelige Tiere auch noch wie kleine Kinder herzen und streicheln zu wollen, ist eine andere Ausprägung davon. Kaninchen, die eigentlich Fluchttiere sind, schätzen das übrigens gar nicht.

Dies sind alles Indizien für das Übermaß an Empathie und Kinderfreundlichkeit dieses besonders netten Affen, der nun, am Ende des langen Weges, nicht anders kann, als auch zu den anderen von ihm durch Domestikation erzeugten neotenen Tieren nett sein zu wollen. Wem also das Leiden und der Tod von Tieren besonders nahegeht, der denkt vielleicht nicht in erster Linie als besserer Mensch, sondern fühlt vielleicht als netterer Affe, was ihn zu keinem schlechteren Menschen, sondern eben zu einem Menschen macht.

Fleischeszucht und Völlerei

Fleisch in Kultur und Gesellschaft

Obwohl unsere ackerbauenden Vorfahren vergleichsweise selten Tiere auf ihrem Teller hatten, waren sie besessen vom Fleisch. Über kaum ein anderes Nahrungsmittel wurde so viel diskutiert, debattiert und sich echauffiert wie über dieses. Nichts Neues unter der Sonne, könnte man also in Hinblick auf aktuelle Diskurse sagen; und gerade deswegen ist es hilfreich, die kulturellen Kodierungen des Fleischkonsums exemplarisch unter die Lupe zu nehmen. Es gäbe zahlreiche Beispiele aus den verschiedensten Epochen und Kulturen der Geschichte. In diesem Kapitel wollen wir uns aber auf eine Handvoll konzentrieren, die gut geeignet sind, grundlegende Prinzipien zu demonstrieren, und die uns am Ende vielleicht weiterhelfen, unsere eigene gegenwärtige Obsession mit diesem Thema besser zu verstehen. Es sind ferne Spiegel, in denen wir hoffentlich unsere eigenen kulturellen Verrenkungen besser sehen können.

Moses und Prometheus

In beiden Fällen fing es damit an, dass ein Mann von einem Berg herabstieg. In einem Fall war es der Prophet und Führer seines Volkes, Moses, der den Vorfahren der Menschen mosaischen Glaubens die gleichnamigen Gesetze vom Berg Sinai brachte. Im anderen Fall handelte es sich um den Schöpfer und Freund der Menschen, Prometheus, der mit dem Feuer vom Olymp zurückkehrte. Am Beginn beider mythologischen Traditionen, der jüdischen wie der griechischen, welche Orient und Abendland so nachhaltig prägen sollten, finden sich Regeln, Gebote und Verbote zum Fleischkonsum. Die jüdischen, welche sich in den insgesamt 613 Regeln des Tanach finden, sind als Teil der „koscheren" Ernährungsweise zu verstehen, deren Regeln verschiedene Entwicklungsstufen im Nahrungsmittelregime des alten Israel und seitdem beschreiben. Sie sind in diesem Sinne ein faszinierendes Dokument, da sie mit ihren Ge- und Verboten in schriftlicher Form niederlegen und durch die Jahrtausende überliefern, was wir in noch vorhandenen Kulturen durch ethnologische Forschung ermitteln, in historischen oft nur unzureichend rekonstruieren können.

Die britische Sozialanthropologin Mary Douglas hat gezeigt, dass Speisegebote, welche Lebensmittel in „rein" und „unrein" unterteilen, in vielen Kulturen existieren. Diese Klassifikation definiert, wer, wann und wie mit bestimmten Nahrungsmitteln in Berührung kommen darf, folglich also, wer sie wann und wie essen darf. So entstanden Regeln des Verhaltens, welche die Gemeinschaft nach außen abgrenzen und nach innen eine Differenzierung in mehr oder weniger „Reine" ermöglichen. Sie stärken damit die Gruppenidentität der eigenen Gemeinschaft und helfen dabei, sich von anderen abzugrenzen. Dass in vielen Kulturen gerade beim Essen, und dort sehr oft beim Fleisch, angesetzt wird, unterstreicht die ursprüngliche Bedeutung des gemeinsamen Mahles als verbindende Erfahrung und dabei die besondere Bedeutung von Fleisch. Wer Menschen erfolgreich die Tischgemeinschaft mit den anderen verunmöglicht, treibt einen essenziellen Keil in die universale menschliche Gemeinschaft, und wer umgekehrt die so vom gemeinsamen Körper der Menschheit abgeschnittene Gemeinschaft zum reglementierten, gemeinsamen Mahl zwingt, erzeugt in dieser ein Wir-Gefühl, das seine Kraft aus einer der ursprünglichsten Menschheitserfahrung bezieht. Dementsprechend ist unter den jüdischen Speisegeboten das wesentliche Thema das der Speisegemeinschaft mit Nichtjuden. Und hier taucht im hebräischen Judentum dann unvermutet der andere Mann vom Berg auf.

Prometheus, so will es die Legende, soll die Götter des Olymp zum ersten Opfermahl geladen haben. Listenreich formte er aus den Teilen des Opfertieres zwei Haufen, den einen mit dem Fleisch und den essbaren Innereien, den anderen mit den Knochen, Fett und Eingeweiden. Letzterer war größer und wurde zur Tarnung auch noch mit dem Fell des Opfertieres bedeckt. Zeus, vor die Wahl gestellt, welchen Teil die Götter für sich beanspruchten, wählte den großen Haufen, weswegen seitdem die Menschen sich am Fleisch des Opfertieres laben durften. Der Wohlgeruch seines verbrennenden Fettes aber stieg zum Olymp auf, um die Götter zu ergötzen, die ohnehin nichts damit hätten anfangen können, ernähren sie sich ja bekanntlich von Nektar und Ambrosia.

Der griechische Mythos gibt hier exemplarisch die Erklärung – Ätiologie nennt man so etwas in der Mythenforschung – für eine alltägliche Praxis, welche die Griechen mit so gut wie allen „heidnischen" Völkern der Antike und weit darüber hinaus teilten. Gegessen wird – abgesehen von Wild und Fisch – nur das Fleisch von Opfertieren, so haben es Religionshistoriker zusammengefasst, und dabei zielsicher die Praxis von den Füßen auf den Kopf gestellt. Es war aber exakt dieser Umstand, der die Juden in der hellenistischen Welt, in der sie zunehmend mit Nichtjuden in Kontakt kamen, so sehr beschäftigte. Die Speisegebote der Thora zielten eben darauf ab, das Volk Israel von den anderen abzusondern und sind am Ende nur Erweiterung und Ausdehnung des allerersten Gebotes: „Du sollst keinen Gott haben neben mir", der Festlegung des Volkes Israel auf den Kult ihres Stammesgottes JHWH. Dementsprechend war es unter allen Umständen zu vermeiden, dass man am Opfermahl als Teil der Verehrung eines fremden Gottes teilnahm. Und da so gut wie alles Fleisch von Nutztieren, das auf den heidnischen Tisch kam, von Opfertieren stammte, war es ein effektives Verbot, von einem Heiden irgendwelches Fleisch anzunehmen. Dabei war es nicht so, dass Heiden nur Opfertiere hätten essen dürfen, aber für sie wäre es völlig unsinnig gewesen, Nutztiere zu essen, die man nicht geopfert hatte. Der Heide sah in einem Schaf, Schwein oder gar einem Rind, das er zu essen beabsichtigte, nämlich sowohl eine Quelle für einen fetten Braten wie auch für die Gunst der Götter. Das Tier einfach nur abzustechen, um es auf den Grill zu hauen, ohne gleichzeitig etwas Opferrauch zum Olymp oder nach Asgard oder sonst wo hin zu schicken, wäre einfach Verschwendung gewesen, und Verschwendung war etwas, was man sich in einer Agrargesellschaft, gerade wenn es um Nutztiere geht, niemals leisten konnte.

Der Anteil von Fleisch an der Ernährung der agrarisch lebenden Heiden war so gering, dass es nur „alle heiligen Zeiten" auf den Tisch kam. Die Opferfeste waren gerade häufig genug, dass das Fleisch, das zur Verfügung stand, konsumiert werden konnte. Das jüdische Speisegebot und die Obsession der hellenistischen Juden, versehentlich Opferfleisch zu konsumieren, und damit sozusagen bei Tisch vom Bunde abzufallen, wird so verständlich. Heiden konnten selbstverständlich Tiere schlachten, ohne sie zu opfern, und taten das auch regelmäßig und bedenkenlos bei Tieren, die als Opfertiere ohnehin nicht infrage kamen. Da aber Fleisch von Nutztieren nur so selten konsumiert wurde, gab es das – synergetisch würde man heute sagen – dann eben vor allem bei den Opferfesten, und die lagen, wie wir vorher schon gesehen haben, sinnvollerweise an den Punkten im Jahreskreis, wo es ohnehin schlau war, ein paar Nutztiere zu schlachten. Göttliche Fügung, wahrhaftig!

Für die universalistische Tochterreligion des hellenistischen Judentums musste das Opferfleischproblem unbedingt behoben werden. Den frisch konvertierten Heiden-Christen hätte man die jüdischen Speisegebote niemals einreden können. Der Apostel Paulus rang heftig darum mit den Konservativen in der Jerusalemer Urgemeinde, schaffte dann aber den notwendigen Schritt aus der Problematik durch die Eucharistie mit Brot und Wein; kein Fleisch wohl gemerkt. Dies war die optimale Kompromisslösung. Das gemeinsame Mahl konnte gefeiert werden und das heikle Fleischthema wurde vermieden, denn auch für die Urchristen galt, dass sie am heidnischen Opfermahl nicht teilnehmen wollten. Damit hatten sie aber ihre Möglichkeit, Fleisch zu konsumieren, stark eingeschränkt, was sich sogar ökonomisch auswirkte. Der römische Schriftsteller und Politiker Plinius der Jüngere schrieb, als er Statthalter in der Provinz Bithynia (in der heutigen Türkei) war, an seinen Kaiser, dass unter anderem die örtlichen Viehzüchter Beschwerde gegen die Christen führten, weil diese durch ihre wachsende Zahl den Absatz von Opfervieh gefährdeten. Einfacher wäre es allemal gewesen, wenn man auf den Gründer der eigenen Religionsgemeinschaft gehört hätte: „Nicht das, was durch den Mund in den Menschen hineinkommt, macht ihn unrein, sondern was aus dem Mund des Menschen herauskommt, das macht ihn unrein." (Matthäus 15,11) Aber was ist das Wort Gottes gegen eine wirklich gute Chance, seinem Nächsten unter die Nase zu reiben, dass man reiner is(s)t als er?

UNREIN!

Eine besondere und auch schon von den heidnischen Zeitgenossen mit Befremden bemerkte Rolle spielte bei den jüdischen Speisegeboten die Ablehnung des Schweins, welches ja dann bei der nächsten abrahamitischen Religion, die aus dem Nahen Osten kommen sollte, erneut aufgenommen wurde. Dieses Gebot ist besonders gut geeignet, den Zusammenhang zwischen Agrarsystem, Nahrungsmittelregime und Kultur zu demonstrieren, weswegen wir ihm hier exemplarisch für andere, ähnliche Speisetabus etwas mehr Platz einräumen wollen. Im Buch Leviticus wird recht kompliziert erörtert, auf welcher Basis von augenscheinlichen – biologisch-physiologisch aber teils unzutreffenden – Eigenschaften Tiere in reine und unreine zu unterscheiden sind. So erfolgt beispielsweise unter den Vierfüßern eine Unterscheidung in Vieh und Wildtiere. Von beidem ist koscher, was wiederkäut und gespaltene Hufe hat, fix also Kühe, Schafe und Ziegen auf der Nutztierseite. Kamele sind es aber nicht. Auf der Wildtierseite wird es dann etwas schräg, geht es beispielsweise um die Frage, ob Hasen und Klippschliefer wiederkäuen.

Ziel all dieser laientaxonomischen Argumentationen ist es, vor allem das Schwein vom Konsum auszuschließen. Angesichts der zahlreichen positiven Eigenschaften, die wir diesem Tier schon attestiert haben, scheint das vielleicht etwas befremdlich. Das ist es selbstverständlich nicht länger, wenn man sich das Nahrungsmittelregime der alten Hebräer ansieht und ihr agrarisches System, auf dem dieses fußt. Wie der amerikanische Anthropologe Marvin Harris in seinem Buch *Fauler Zauber* zeigen konnte, gehen nämlich alle anderen Argumente, die im Laufe der Zeit für die Verdammung des Schweines vorgebracht wurden, ins Leere. Wenn man von der Prämisse einmal absieht, dass Gott einfach kein Schnitzel mag, dann bleibt wenig, um das Urteil des Babylonischen Talmud, „der Herrscher des Universums weiß, dass es kein anderes Tier gibt, das gespaltene Hufe hat und unreiner ist als das Schwein" (Babylonischer Talmud, Chullin 59a), zu stützen.

Das Schwein ist ein recht reinliches Tier, selbst dem Augenschein nach ist es – zumal in freier Wildbahn – nicht schmutziger als andere Tiere. Den Menschen der Antike muss das klar gewesen sein und auch den jüdischen Intellektuellen des Mittelalters, welche in der multireligiösen Gesellschaft des Nahen Ostens auf dem Höhepunkt der islamischen Kultur lebten und demnach die Schweineställe ihrer christlichen Nachbarn ebenso kannten wie ihre antiken Vorfahren die ihrer heidnischen. Vom großen jüdischen Mediziner Maimonides, welcher als Arzt am Hofe Saladins wirkte, stammt daher der erste Versuch einer naturalistischen Erklärung des Schweinefleischtabus: Schweinefleisch sei einfach ungesund, argumentierte der Gelehrte, und brachte damit die Medizin in die Debatte um das Fleisch, wo diese seitdem auch immer wieder bemüht wird. Argumente dafür brachte er keine vor, aber er war Hofarzt, schrieb etwas, das auch den muslimischen Herrschern nur recht sein konnte, und seine Meinung hatte deshalb Gewicht.

Die Medizin machte nach Maimonides lange keine, dann aber sehr rasch sehr rasante Fortschritte. Trotzdem musste man bis ins 19. Jahrhundert warten, um die Entdeckung der Trichinose, einer parasitären Infektionskrankheit, welche durch unzureichend gekochtes Schweinfleisch übertragen werden kann, als Beweis für die Scharfsinnigkeit des Maimonides und die göttliche Weitsicht des Schweinefleischtabus heranziehen zu können. Reformorientierte und gebildete Juden, welche es im Zeitalter des Liberalismus viele gab, waren hingerissen von der nun wissenschaftlich belegten Klugheit ihrer Vorfahren, argumentierten aber sogleich, dass nun, da man die Wurzel des Problems kenne, eigentlich kein Grund mehr für das Verbot bestünde, das ihnen die Assimilation an die aufstrebende westliche Bourgeoisie doch durchaus erschwerte.

Dies führte umgehend zu einer Gegenoffensive der Orthodoxen, die mit in der Jeschiwa geschulter Scharfsinnigkeit anmerkten, dass, wenn Gott sein Volk nur vor Trichinose hätte bewahren wollen, er ihm befohlen hätte, das Schwein ordentlich zu kochen, und es nicht rundheraus verdammt hätte. Überhaupt brach das ganze epidemiologische Erklärungsmuster rasch in sich zusammen. Im 2. Buch Mose zeigte sich nämlich, dass schon in der althebräischen Zeit die Blattern, welche im Nahen Osten weitaus häufiger vorkommen und mehr Opfer fordern als Trichinose, als Zoonosen erkannt worden waren; trotzdem gab es aber kein Gesetz, das etwa den Umgang mit Rindern, welche damals schon als Überträger der Krankheit auf den Menschen identifiziert wurden, verbot. Die Folge all dessen war, das zwischenzeitlich weder jüdische noch muslimische Theologen mehr versuchen, das Schweinefleischtabu rationalistisch zu erklären, sondern sich schulterzuckend auf die Position zurückziehen, dass Gott schon seine Gründe haben wird, und bestenfalls irgendetwas von Unerfindlichkeit in ihren Bart murmeln.

Was Gott nicht für nötig befunden hat zu offenbaren, kann man mit der Vernunft ergründen, so meinte zumindest schon der heilige Augustinus. Dazu muss man sich aber ansehen, wie die alten Hebräer, welchen dieses Gebot eingefallen ist, gelebt und sich ernährt haben. Harris ging in seinem 1974 erschienenen Buch *Fauler Zauber* noch von einer mittlerweile überholten Theorie aus, dass der Ursprung des alttestamentarischen Judentums auf reine Hirtennomaden zurückging, welche in den Wüstenrandgebieten zwischen der Wüste Sinai und Mesopotamien lebten. Mittlerweile hat sich in der Forschung die Meinung durchgesetzt, dass der Traditionskern des späteren Volkes Israel aus einem Gemisch verschiedener Gruppen bestand, welche im Hochland Palästinas am Ende der Bronzezeit ansässig wurden und sich in der frühen Eisenzeit zu einem gemeinsamen Königreich vereinten, nachdem ihre Zahl stark angewachsen war. Zur Stärkung ihres nationalen Zusammenhalts erklärten sie ihren Stammesgott zum zwar nicht einzigen, aber eben ihrem alleinigen und exklusiven Gott, zum auserwählten Gott sozusagen. In dieser gemischten Bevölkerung spielten hirtennomadische Elemente durchaus eine wichtige Rolle, und gerade weil diese dabei waren (teil)sesshaft zu werden und sich mit bereits sesshaften, kanaanitischen Ackerbauern zu vermischen, dabei aber eine gemeinsame Identität herausbilden mussten, hält Harris Erklärung von vor bald 50 Jahren trotzdem noch.

Das Schwein, wir erinnern uns, spielt im Agrarsystem von Hirtennomaden keine Rolle, weil es denkbar ungeeignet für ein Leben in heißen Steppen und sehr schlecht zu Fuß ist. Dazu kommt, dass Schweine nicht schwitzen können und ab einer Außentemperatur von 37 °C in großer Gefahr sind, an Hyperthermie zu sterben. Kühlen können sie sich nur, indem sie ihre Haut äußerlich benetzen. Dazu wälzen sie sich bevorzugt in sauberem Schlamm. Wenn ihnen solcher aber nicht zur Verfügung steht, greifen sie in der Not auf den eigenen Kot und Urin zurück. Im Hochland von Israel hat es im Sommer konstant weit über 37 °C, Wasser ist knapp, sauberer Schlamm kaum vorhanden und Schweine dementsprechend im Nachteil und oft mit ihrem eigenen Kot und Urin bedeckt. Außerdem mangelt es an Wäldern, dem natürlichen Lebensraum der Schweine, und auch der Ort, wo sie gehalten wurden, wenn sie nicht zuhause im Koben sind und von wo sie einen Teil ihres Futters beziehen.

An dem Verlust von Waldgebieten war der hirtennomadische Bevölkerungsanteil der sich in der frühen Eisenzeit herausbildenden Israeliten mit ihren Herden schuld. Dieser wanderte nun nicht mehr durch die weiten Steppen und Halbwüsten, sondern blieb zunehmend in der Nähe der Dörfer, wo der sesshafte Teil der entstehenden proto-israelitischen Stammeskonföderation zuhause war, und die ihnen bei ihren Raubzügen runter nach Kanaan als sichere Basen dienten. Die überproportionalen, weil noch auf die Dimension der Halbwüste berechneten Kleinviehherden zerstörten wie überall die Regenerationsfähigkeit der Wälder, denen die wachsende menschliche Bevölkerung mit ihrem Bedarf an Ackerland, Feuerholz und Bauholz ohnehin schon zusetzte. Schweine zu halten wurde also im Hochland von Juda zunehmend schwieriger, zumal ein erklecklicher und vielleicht kulturell dominanter Teil des neuen Mischvolkes mit den grunzenden Borstentieren ohnehin wenig anfangen konnte, die man auch noch häufig in recht unreinem Zustand antraf. Was der Nomade nicht kennt, frisst er nicht, und für den verschwägerten Bauern wurde es zunehmend ineffektiver, an der Sau festzuhalten. Für die Stämme Israels, die sich gerade herausbildeten, war es also ein Leichtes, dem Schwein adieu zu sagen und es von seinem Tisch – also aus seinem Nahrungsmittelregime – zu verbannen.

Für die ersten Israeliten war es also ein leichtes und äußerst effektives Mittel, ihre kollektive Identität zu stärken, sich von einem Nutztier zu verabschieden, das in ihrer Heimat ohnehin zunehmend schwerer zu halten war. Gleichzeitig fanden sie damit ein Mittel, sich von den „anderen", den Kanaanitern im Tal, abzusetzen. Als flankierendes Argument kann man das Verbot der meisten Schalentiere im Unterschied zu Fischen mit Flossen und Schuppen heranziehen: Erstere essen sicher nur Leute, die sie an der Küste, also weit von der Heimat der Israeliten im Hochland, aus dem Meer fischen, Letztere findet man auch in Gebirgsbächen.

Diese nun gerade erfundenen Traditionen waren ein Zeichen der besonderen Verbundenheit mit ihrem Stammesgott und erklärten sie außerdem zu „reineren", sprich „besseren" Menschen als die Leute, die sie bevorzugt auf ihren Raubzügen ausplünderten. Damit wird eine weitere Funktion kollektiver Identitäten beim Homo sapiens deutlich. Sie dienen dazu, uns ein Argument in die Hand zu geben, warum wir das Recht haben, uns über andere zu erheben und sie schlecht zu behandeln. Nette Affen brauchen das, damit sie zu anderen netten Affen weniger nett sein können.

Und warum hatte der nächste Prophet in der Gegend auch etwas gegen Schweine? Den arabischen Kamelnomaden im Hedschas brauchte man genauso wenig wie den Proto-Israeliten das Schwein als Haustier auszureden. Überraschenderweise scheint Gott – jetzt unter seinem lokalen Namen Allah – in der Zwischenzeit seine Meinung bezüglich eines anderen unreinen Tiers geändert zu haben: Kamele waren nämlich nun plötzlich erlaubt. Wie praktisch. Gott ist groß und sein Prophet ein überaus kluger Mann! Das Festhalten am Schweine fleischtabu fiel den Anhängern des Islam in den folgenden Jahrhunderten kaum schwer, erschlossen sie sich in ihren Eroberungen und Missionierungen nämlich kaum Regionen, in denen Schweinezucht eine wirklich lebensnotwendige Alternative war. Dort wo sie möglich war, übten meist christliche Untertanen sie aus, und es entstand, wie in Griechenland oder auf dem Balkan, eine Art Nutztierarbeitsteilung entlang der religiösen Schichtung der Gesellschaft, wobei die dominierenden, islamischen Gruppen natürlich das Agrarsystem zu ihren Gunsten formten. Dies hatte zum Beispiel durch die Ziegenhaltung jenen nachhaltigen Effekt auf den Waldbestand in Griechenland, den wir schon im Abschnitt über Kleinvieh angesprochen haben. Kulinarisch wirkt es sich so aus, dass etwa *Cevapcici* (die echten nur aus Lammfleisch) auf dem Balkangrill neben *Pljeskavica* (zu gleichen Teilen aus Rind- und Schweinefleisch) und *Kolbasz* (vom Schwein) brutzeln.

Dort, wo heute wachsende muslimische Migrantengruppen in einer Umgebung leben, in der Schwein gegessen wird, beweist das Speisetabu an den halal-markierten Fleischtheken wieder einmal, wie es als kleinster gemeinsamer Nenner einer sonst ökonomisch, ethnisch und weltanschaulich höchst differenzierten Diaspora als vereinigender und abgrenzender Mechanismus weiterhin seine Wirkung zeigt; so wie es das in den Jahrtausenden davor für die Juden im selben Raum getan hat. Die Tiefe und Schönheit einer bedeutenden Religion auf Schnitzel oder nicht Schnitzel, Kopftuch oder nicht Kopftuch zu reduzieren, wie es von beiden Seiten dieses oft aufgeladenen Diskurses passiert, ist ein weiteres ruhmloses Kapitel im ewigen Hickhack der drei Brüder aus Lessings Ringparabel. Ein veganes Buffet könnte hier vielleicht wirklich Wunder wirken.

HEILIGE KÜHE

Andernorts war es nicht die lokale Ineffektivität eines Nutztieres, die sein Fleisch tabu machte, sondern gerade umgekehrt seine hohe und immanente Bedeutung für das agrarische System. Die Rede ist von der „heiligen Kuh" der Hindus. Marvin Harris hat sich vor einem halben Jahrhundert auch an ihr versucht, und er trug schon seinerzeit Zahlen zusammen, welche angesichts der Tatsache, dass damals wie heute Indien mit der Nahrungsversorgung seiner gewaltigen Bevölkerung ringt, nur befremdlich erscheinen können. Etwa die Hälfte des indischen Rinderbestandes wurde von westlich geschulten Agronomen zwischen den 1950er- und den 1970er-Jahren als unproduktiv und damit allein als Belastung für ein Land gesehen, das sich die Versorgung dieser Wiederkäuer mit Futter auf Basis des lokal vorhandenen Angebotes eigentlich nicht leisten konnte. Die Situation mag sich zwischendurch entspannt haben, aber 2017 berichtete die *Financial Times*, dass die indische Produktion von Fleisch für den Export zu stagnieren begann, während gleichzeitig Bauern im Land zunehmend über Schäden an ihrer Ernte durch streunende Rinder klagten. Grund war die hindunationalistische Politik der BJP (Bharatiya Janata Party) und der Regierung unter Premierminister Modi, welche sich den Schutz der *gau mata* (Mutter Kuh) als Teil ihres religiös-nationalistischen Programmes auf die Fahnen geschrieben hatte. Neben einer Verschärfung der entsprechenden Gesetzgebung fühlten sich durch die Propaganda der BJP auch noch Banden von „Kuhschützern" berechtigt, ihre religiöse und nationale Rechtschaffenheit unter Beweis zu stellen, indem sie vornehmlich muslimische Kuhhändler attackierten und all jene einschüchterten, die mit ihnen Geschäfte machten. Wer hier nicht sofort Mary Douglas' Theorie von der gemeinschaftsstiftenden und Feindschaft ermöglichenden Wirkung von Speisetabus wiedererkennt, dem mag ein kleiner Ausflug in die neure Geschichte des indischen Rinderwahns die Augen öffnen.

Die fanatische Verteidigung des Rindes ist nämlich kein uraltes, rätselhaftes und irgendwie mystisches Phänomen, wie wir Westler sie den „Orientalen" gerne umhängen. Die moderne Geschichte beginnt vielmehr in Nordindien am Ende des 19. Jahrhunderts, als Hindus aus den oberen Kasten versuchten, eine breite Basis für den Widerstand gegen westliche Einflüsse zu mobilisieren, die ihre privilegierte Stellung zunehmend untergruben. Nicht anders als ihre Klassengenossen im verhassten Westen spielten sie dazu die nationalistische Karte aus. Die Kuh wurde zur „Mutter der Hindu-Nation" erhoben und ihr Schutz in Plakaten, Pamphleten und Versammlungen als Ausweis einer rechten, hindu(-nationalen) Gesinnung propagiert. Überall im Land gründeten sich „Kuhschutzgesellschaften", und die Kuh wurde erst wirklich zum Nationalheiligtum, als man sie zum Symbol der nationalen Sache machte. Schon 1893 kam es zu ersten Ausschreitungen gegen Muslime, für die die Kuh selbstverständlich kein Tabu darstellte und die Rindfleisch nicht nur aßen, sondern bei ihren religiösen Festen sogar Rinder schlachteten. Der antienglische und nach der Spaltung mit Ali Jinnah an der Spitze auch antimuslimische Kampf von Gandhis Unabhängigkeitsbewegung bediente sich der Kuh als Symbol, wobei der gewitzte Politiker Gandhi es schaffte, das Kuh-Tabu mit dem alten indischen philosophischen Konzept der *Ahimsa* (wörtlich „Nicht-Verletzen", oft mit „Gewaltlosigkeit" übersetzt) zu verknüpfen, welches er in Kenntnis der moralischen Achillesferse des britischen Gegenübers zum Träger seines antikolonialen Widerstandes gemacht hatte.

Nach der indischen Unabhängigkeit 1947 versuchten konservative Hindu-Führer ein Schlachtverbot von Kühen in der Verfassung zu verankern, scheiterten damit aber, wenngleich die Einzelstaaten angehalten wurden, Gesetze zu erlassen, welche die Schlachtung von „nützlichen" Rindern verboten. Die meisten Bundesstaaten begannen daher seit den 1950er-Jahren Gesetze einzuführen, welche die Schlachtung von produktiven Rindern verbieten. Die von alten Tieren, welche keine Milch mehr gaben oder nicht mehr vor den Pflug gespannt werden konnten, blieb aber weiterhin legal. So entstand ein lebhafter ländlicher Handel mit alten Rindern, welche häufig von Händlern aus dem benachbarten muslimischen Bangladesch aufgekauft wurden. Für Indiens Landwirtschaft war dies insgesamt ein positives Arrangement, welches die laufende Verjüngung der Herden bei gleichzeitigem Anwachsen der Milchproduktion sicherstellte und dem Land sogar eine wohltuende positive Handelsbilanz mit Büffel- und Rindsleder und indirekt mit Schlachtvieh sicherte. Es ermöglichte auch die schleichende Reduktion des Bestandes an Zugochsen, welche mit der Mechanisierung der Landwirtschaft einherging. Diese wiederum war notwendig, um höhere Erträge in der Getreideproduktion zu erwirtschaften, die das immer noch regelmäßig von lokalen Hungersnöten geplagte Land dringend brauchte.

Doch dann kam das Jahr 2014, in dem der zur Wiederwahl angetretene Premierminister Narendra Modi verstärkt die nationalistische Karte spielte und gegen den Export von Rindfleisch und Leder ausgerechnet mit dem Argument antrat, dass damit die nationale Milchproduktion geschädigt werden würde. Seitdem hat die Gesetzgebung unter der wiedergewählten BJP alles dafür getan, das Ventil zu schließen, das zuvor die überschüssigen Rinder aus dem indischen Agrarsystem sinnvoll und sogar gewinnbringend ausgeschieden hatte. Bundesstaaten, in denen die BJP regiert, haben auch die Schlachtung von alten Rindern verboten, der Transport von Rindern über die Staatsgrenze sowie „Rindermord" stehen unter Strafe; in Modis Heimatstaat Gujarat droht sogar lebenslängliche Haft. Ein landesweites Schlachtverbot wurde 2017 noch vom Obersten Gerichtshof als verfassungswidrig zurückgewiesen, inzwischen attackieren aber weiterhin fanatisierte Mobs bevorzugt muslimische Kuhhändler und -züchter.

Auf dem flachen Land zeigte sich aber rasch der wirkliche Effekt. Die Milchproduktion sinkt seitdem, da Bauern ihre weniger und schließlich unproduktiven Tiere weiter füttern müssen und daher zögern, jüngere und produktivere Tiere nachzukaufen. Die sinkende Milchproduktion führt zu steigenden Preisen bei gleichzeitig erhöhter Nachfrage durch die ökonomisch aufstrebende städtische Mittelschicht. Diese, übrigens meist die Nachkommen eben jener oberen Kasten, welche das ganze losgetreten haben und nun in den Software- und Outsourcing-Hubs von Mumbai oder anderswo vortrefflich an der Globalisierung verdienen, sind natürlich weiterhin in der Lage, sich die teurere Milch zu leisten. Für die ärmere Bevölkerung aber wird der Nektar von *gau mata* zunehmend unerschwinglich. Aus Angst vor Übergriffen gehen ökonomisch besonders in Bedrängnis geratene Bauern mittlerweile dazu über, ihre Rinder einfach entlang von Fernstraßen auszusetzen. Von dort wandern diese dann in die umliegenden Felder und fressen die Feldfrüchte oder grasen Weiden ab, auf denen eigentlich produktive Rinder stehen sollten. Die Besitzer dieser Felder und Weiden haben den Schaden, getrauen sich aber auch nichts weiter zu tun, als das streunende Nationalsymbol auf das Feld des Nachbarn zu scheuchen, wo es fröhlich weiter die agrarische Grundlage eines Milliardenvolkes anknabbert, dessen Nahrungsmittelsicherheit weiterhin prekär ist.

Hätte man das alles vorhersehen können? Bereits in seinem Artikel von 1966 zitiert der Anthropologe Marvin Harris die Ergebnisse der seinerzeit in Indien eingesetzten Kommission zur Untersuchung der Folgen des Schlachtverbotes im Bundestaat Pepsu (Patiala and East Punjab States Union): „Wir haben tatsächlich in Pepsu gesehen, was für eine Gefahr verwilderte Rinder sein können. Die Verhältnisse dort sind mittlerweile so elend, dass die Staatsregierung eine beträchtliche Summe aufwenden musste, um verwilderte Rinder einzufangen und zu redomestizieren, um die Ernte zu schützen."

Das gegenwärtige Indien ist daher ein trauriges Anschauungsbeispiel dafür, wozu ideologisch instrumentalisierte, fanatisierte Tierliebe führen kann; und es ist zugleich ein warnendes Beispiel, zu welch tragischem Zerrbild eine einstmals kluge und nützliche Anpassung eines agrarischen Systems werden kann, wenn sie in die Hände von Leuten fällt, denen es um alles andere geht als um ein sinnvolles und funktionierendes Agrarsystem, das auch den Ärmsten eine angemessene Versorgung sichert. Alle sollen zahlen, was die Eliten für den angemessenen Preis eines Nahrungsmittels halten, damit dessen Produktionsweise mit ihren ideologischen Präferenzen und Sensibilitäten übereinstimmt. Wozu diese Forderung führt, kann man sich in einem indischen Milchregal anschauen.

Ursprünglich war das Rindfleischtabu nämlich eine durchaus kluge Strategie gewesen. Die Vorfahren der Hindus waren irgendwann am Beginn des zweiten Jahrtausends vor Christus aus den Steppen Zentralasiens in Nordindien eingewandert. In den Steppen waren sie Hirtennomaden gewesen, welche ihre Rinder durchaus schätzten und sie, wie alle Hirtennomaden, vor allem ihrer Milch wegen in großer Zahl hielten und wohl auch ab und zu schlachteten und aßen. In Indien trafen sie auf ein einheimisches, sesshaftes, ackerbauendes Agrarsystem, in dem die buckligen Zebu-Rinder gemeinsam mit Wasserbüffeln all jene Aufgaben erfüllten, die Rindern in altweltlichen Feldbausystemen zukamen, und die wir im letzten Kapitel schon kennengelernt haben. Es lohnt sich aber, die Rollen und die Rollenverteilung genau anzusehen, um zu verstehen, wie das Rind in das spezifische indische Agrarsystem eingebaut war und warum es deswegen im Nahrungsmittelregime nur eine sehr spezifische Rolle spielen durfte.

Sehen wir uns einmal die vier Funktionen von Rindern an: Zugkraft, Milch, Dung und Fleisch. Nur Letzteres ist ja von der Schlachtung der Rinder abhängig, alles anderen liefern lebende Rinder. Doch selbst hier zeigen sich erste Auffälligkeiten: Indische Rinder sind miserable Milchproduzenten. In den frühen 1960er-Jahren, als Harris seine Untersuchung anstellte und der indische Rinderbestand noch sehr dem historischen entsprochen haben dürfte, gaben indische Rinder im Durchschnitt weniger als ein Zehntel der Milch, die europäische oder amerikanische Rinder produzierten – und wir waren hier selbst im Westen noch vor dem Zeitalter der Turbo-Kühe (!). Auch indische Bauern waren sich einig: Das ertragreichere Milchtier war die Wasserbüffelkuh. Dementsprechend zeigt das Aufzuchtverhalten von Wasserbüffeln auch das Muster, das wir bei einer Milchtierhaltung erwarten würden. Weibliche Kälber wurden aufgezogen, auf die Bullen konnte man verzichten. Kühe hingegen wurden in Indien zwar gemolken, aber nicht auf Milchproduktion hin vermehrt oder gezüchtet. Die höchsten Milcherträge erbrachten indische Kühe ausgerechnet in den Städten, wo es am teuersten war, sie zu unterhalten, wo sie aber auch nur für die Milch gehalten wurden. Auf dem Land waren die Erträge erbärmlich, aber die Kühe wurden dort auch nur zu dem Zweck gehalten, um männliche Kälber zu gebären, aus denen man durch Kastration Pflugochsen machen konnte. Der weitaus wichtigere Nutzen der Kuh im indischen Agrarsystem ist also der als Zugtier. Vor allem in den vielen trockeneren Gegenden des Landes sind sie dafür auch besser geeignet als Wasserbüffel, die ihre Stärke nur in ihrem natürlichen, sumpfigen Terrain ausspielen können.

Da ein Paar Ochsen – wie schon im archaischen Griechenland – technisch die Mindesteinheit darstellt, mit der ein Ochsenpflug bespannt werden kann, hatte Indien selbst in den 1960er-Jahren, als schon seit über einem halben Jahrhundert über Indiens überschüssige Rinder geklagt wurde, eigentlich einen eklatanten Mangel an Zugochsen. Auf 60 Millionen bäuerliche Haushalte kamen nach der amtlichen Schätzung nur 80 Millionen Zugochsen. Das bedeutete, dass viele Kleinbauern darauf angewiesen waren, ihre Zugtiere von Großgrundbesitzern gegen saftige Gebühren zu mieten. Das dürfte in der Vergangenheit sogar noch ausgeprägter gewesen sein, hatte doch nach der Erlangung der Unabhängigkeit eine Landreform stattgefunden, nach der aber weiterhin zehn Prozent der Grundbesitzer 50 Prozent des fruchtbaren Landes besaßen. Indien hätte also durchaus noch mehr Rinder gebrauchen können.

Doch auch damit ist der eigentliche Nutzen der Kuh noch nicht ergründet; der liegt nämlich in den Kuhfladen. Diese erfüllten in Indien nicht nur die auch sonst in altweltlichen Agrarsystemen übliche Funktion der Düngung jener Felder und Weiden, auf denen sich das Rindvieh gerade erleichterte, sondern haben eine lebensnotwendige Funktion für die Ernährung der großen Masse der indischen Landbevölkerung: Getrocknete Kuhfladen waren und sind Indiens primärer Brennstoff. In einem Land, in dem wegen der hohen Bevölkerungsdichte, der intensiven agrarischen Nutzung und den klimatischen Verhältnissen Wälder rar sind, war diese alternative Brennstoffquelle unersetzlich. Noch 2014 waren 85 Prozent der ländlichen Haushalte Indiens weiterhin von der Verbrennung von Biomasse abhängig, und selbst die städtische Oberschicht bestellt Kuhdung-Pellets über Amazon, weil diese für bestimmte hinduistische Rituale notwendig sind. Sie sind aber vor allem nötig – Heizung spielt auf dem subtropischen Subkontinent keine wirkliche Rolle –, um die vorwiegend vegetarische Nahrung aus Reis und Getreide zuzubereiten, von der sich die bäuerliche Bevölkerung in erster Linie ernährt.

Nach einer Schätzung von 1954 verteilten sich 40 Prozent von Indiens Kuhdung auf den Feldern, 40 Prozent wurden verbrannt und 20 Prozent gingen verloren. Allein der Umstand, dass Letzteres eine agronomische Studie wert war, unterstreicht die Bedeutung von Kuhdung als die eigentliche Ressource, um die es bei Indiens heiligen Kühen ging. Damit ist auch erklärt, warum alte und nicht länger Milch gebende Kühe am Leben gelassen wurden und warum, wenn der gläubige Hindu eine Kuh los werden wollte, was bei all den nutzlosen männlichen Wasserbüffeln und weiblichen Zebus häufig der Fall war, er sie einfach verhungern ließ: Solange sie lebten, verteilten diese Kühe weiterhin ihren wertvollen Dung auf Hindustans Felder und Fluren. *Ahimsa* heißt ja schließlich „nicht verletzen", nicht „nicht verhungern lassen". Und wenn die Kühe dann tot umfielen, was früher oder später passierte und die westlichen Beobachter regelmäßig so konsternierte? Nun, der Bedarf an Rindsleder ist immer groß gewesen. Womit wären sonst die Streitwagen der Helden und Krieger gefedert worden und ihre Schilde überzogen gewesen, welche uns in den indischen Epen und tatsächlich auf den Schlachtfeldern Altindiens begegneten? Und Indien besteht nicht und bestand nie nur aus frommen Hindus solcher Kasten, die sich mit Grausen vor Kuhfleisch abwenden: Ein erklecklicher Teil der Bevölkerung bestand aus Kastenlosen – den sogenannten „Unberührbaren" –, die für die Brahmanen und die anderen oberen Kasten „unrein" und deswegen allein durch Berührung (oder die gemeinsame Benutzung eines Geschirrs oder selbst Wasserhahns) verunreinigend waren, weil sie sich unter anderem von unreinen Nahrungsmitteln ernährten oder unreinen (aber wie man heute sagen würde „systemrelevanten") Berufen wie Gerber nachgingen. Hinzu kamen noch Christen und Moslems, für die Rindfleisch kein Tabu darstellte.

Das absolute Speisetabu hat sich im Hinduismus tatsächlich erst langsam herausgebildet. In der vedischen Literatur, den ältesten, meist religiösen Texten der nach Indien eingewanderten Steppennomaden, deutet noch vieles darauf hin, dass Rinder nicht nur gegessen, sondern ebenso wie bei ihren westlichen indogermanischen Cousins, denen wir schon in Griechenland begegnet sind, auch geopfert und danach verspeist wurden. Zwischen dem zweiten Jahrtausend und dem zweiten Jahrhundert vor Christus, eine Periode, aus der wir dann reichere und dichtere Quellen haben, scheint sich eine Abkehr von der Praxis durchgesetzt zu haben. Dies erscheint mit dem Übergang von einer Lebensweise als Viehhirten zu einer als Ackerbauern unter den speziellen, oben geschilderten indischen Bedingungen nur logisch. Auch zeigt die naturgemäß primär höfische Literatur, dass die Oberschicht ebenfalls immer weniger Fleisch konsumierte, was oft mit der Verbreitung des schon genannten *Ahimsa*-Prinzips erklärt wird. Nur kann es mit der Gewaltlosigkeit einer Elite nicht gerade weit her gewesen sein, die sich ansonsten wie jede andere Kriegeraristokratie verhielt, gerne auf die Jagd ging, ihren eigentlichen Lebenssinn im Kampf sah und – wie wir aus den indischen Epen wissen – ebenso gerne Rinder raubte wie ihre irischen, homerisch-griechischen oder iranischen Standesgenossen zur selben Zeit.

Ahimsa war nicht der Grund, warum Indien bis heute den geringsten Pro-Kopf-Verbrauch an Fleisch hat, sondern *Ahimsa* war die Erklärung, mit der sich vor allem die indischen Eliten schönredeten, dass ihr Agrarsystem noch weniger Fleisch hergab als das der meisten anderen Weltregionen. Das fiel schon dem chinesischen Pilger Faxian auf, der im fünften Jahrhundert nach Christus auf der Suche nach buddhistischen Schriften in das Ursprungsland der Religion aufbrach. „Indien", so merkte er an, „ist ein seltsames Land. Die Leute töten keine lebende Kreatur, halten keine Schweine und kein Geflügel und verkaufen kein lebendes Rind." Das taten sie aber nicht, weil sie nicht wollten, sondern sie schufen sich eine Ideologie, die ihr Unvermögen zu einer Tugend erhob. Genauso wie bei den alten Israeliten lieferte der religiös-ideologische Überbau der altindischen Kultur eine mythische Erklärung, warum die Dinge so waren, wie sie waren. Und denen, welche diese Ideologie formulierten, diente sie nebenher als Mittel, sich durch ihr Speisetabu gegen die schmutzigen anderen da draußen und die nicht minder schmutzigen anderen da unten abgrenzen zu können. Dementsprechend wurde der Vegetarismus, verkleidet im *Ahimsa*-Prinzip, fixer Bestandteil der vom Subkontinent ausstrahlenden Religionen. Das hinderte aber weder hinduistische noch buddhistische Eliten jemals daran, ebenso ausbeuterisch, grausam und mörderisch gegenüber ihren Untertanen und Feinden zu sein wie fleischessende Eliten.

Auch die japanische Samurai-Elite begeisterte sich für den Vegetarismus, den sie in der Form des Zenbuddhismus vermittelt bekamen. Dies geschah gerade zu der Zeit, als die japanische Bevölkerung stark zu wachsen begann und auf den beschränkten Ackerflächen der bergigen Inselgruppe vor der Küste Asiens bald kein Platz mehr für etwas anderes als intensiven Reisanbau war, wenn man die Untertanen durchfüttern wollte. Nebenbei massakrierte dieselbe Elite sich und besagte Untertanen in einer Reihe von blutigen Bürgerkriegen, die erst mit der Reichseinigung unter dem Tokugawa-Shogunat mit Beginn des 17. Jahrhunderts enden sollten. Da war das landwirtschaftliche System Japans aber bereits auf Reisanbau umgestellt und konnte das Bevölkerungswachstum in der folgenden Friedenszeit nur bewältigen, indem dieser immer stärker intensiviert wurde. Jedoch mit der Auswirkung, dass die Japaner am Ende der Shogunat-Zeit bezüglich ihrer Körpergröße weit hinter ihre kriegerischen Vorfahren im Mittelalter zurückgefallen und teils so nachhaltig chronisch unterernährt waren, dass die Meiji-Regierung Viehzucht und Milchwirtschaft auf das Studienprogramm der diversen Fact-Finding-Missions setzen musste, welche ausgesandt wurden, um von den europäischen Mächten zu lernen.

Als die letzte größere Welle des Vegetarismus in den 1960er- und 1970er-Jahren gemeinsam mit einem wirren Geschwurbel aus den spirituellen Traditionen und Praktiken dieser Kulturen von den Hippies aus Indien und Asien in den Westen mitgebracht wurde, glaubten diese Sinnsucher natürlich an die Propaganda von *Ahimsa*, welche ihnen ihre Gurus treuherzig und aus voller Überzeugung vermittelten. Dabei ist es eigentlich eine Ironie, die materiellen Ursachen des Fleischmangels auf dem Subkontinent irgendwelchen orientalistischen Rauschträumen unterzuordnen. Indien isst nicht seit Jahrtausenden vegetarisch, weil es das will, sondern weil es im Mangelregime des agrarischen Zeitalters nie eine andere Wahl hatte. Wenn Inder die Wahl haben, wie sich an den Konsumptionsmustern der aufsteigenden und zunehmend verwestlichten indischen Mittelschicht zeigt, steigern diese selbstverständlich ihre Aufnahme an tierischen Proteinen – wenn sie auch weiterhin vor der Kuh zurückschrecken. Unrein will ja wirklich keiner werden.

FASTENGEBOT

Und was wurde aus der jüdischen Abspaltung, die sich zur Erschließung des hellenistischen Marktes so radikal von den mosaischen Speisegeboten verabschiedet hatte? Nun, sie erschloss sich einen überaus inhomogenen Raum. Dieser erstreckte sich von den Savannen Äthiopiens mit seinen Rinderherden über das Ursprungsgebiet im Nahen Osten mit den Ziegen- und Schafherden bis ins Land der heiligen Kühe in Indien und vom mediterranen Olivenhain mit den Schweinen bis zum Nordatlantik mit seinen Heringsfischgründen. Das Christentum war – sobald es zur vorherrschenden Religion geworden war – von seinem einzigen, ursprünglichen Speisetabu weitgehend befreit, denn heidnisches Opferfleisch gab es nicht mehr. So konnte es alsbald in Vergessenheit geraten. Aber auch die neue Religion konnte sich nicht von den Rhythmen des agrarischen Jahres befreien, welche schon für die alten Heiden gegolten hatten. Und so schlichen sich, nun unter dem Deckmantel christlicher Hoch- und Heiligenfeste, die alten Opferfeste wieder ein, oder waren eigentlich nie ganz verschwunden. Sie mussten nur nachträglich mit christlichen Begründungen versehen werden.

Manchmal ging das mit erstaunlicher theologischer Eleganz: Jesus Christus umschrieb sich selbst und sein Opfer mit der Metapher, als „Lamm Gottes" für alle in den Tod zu gehen, um den Tod zu besiegen. Im Kontext, in dem die Sätze vielleicht gesagt oder zumindest niedergeschrieben wurden, ist dies natürlich als Anspielung auf das zeitgleiche jüdische Pessach-Fest zu verstehen, bei dem im Jerusalemer Tempel ein Lammopfer gebracht wurde. Dass dieses ausgerechnet in die Zeit des Jahres fiel, in der Lämmer in den Herden der Israeliten reichlich vorhanden waren, sollte uns schon nicht mehr weiter überraschen. So war es ein Leichtes, auch in den schafhaltenden Missionsgebieten die Leute davon zu überzeugen, dass Lamm (oder Kitz, Hauptsache Kleinvieh) ein ganz vortrefflicher Osterbraten war, der auch noch ganz vortrefflich zur theologischen Botschaft des Festes passte.

Am Osterschinken hat sich keiner versucht; aber den Gänsen zu Sankt Martin wurde der Kragen mit einer schönen Heiligenlegende sozusagen als Sühnehandlung umgedreht. Dass man sie ohnehin, bevor die Teiche zufroren, weswegen sich ihre wilden Verwandten schon auf den Weg nach Süden machten, hätte schlachten müssen, wurde so – wenn auch etwas bemüht – in den liturgischen Jahreskreis eingefügt. Ein weiteres Beispiel: Vielerorts besteht das Weihnachtsessen – nach der Christmette und damit nach Mitternacht, somit nach Ende der Fastenzeit – aus Bratwürsten. Das sollte nicht weiter verwundern, denn zu dieser Zeit mussten die Schweine wahrscheinlich schon dringend geschlachtet werden, nachdem die vierzigtägige Fastenzeit abgelaufen war, rechtzeitig zum alten Fest zur Wintersonnenwende, das der neue, auferstandene Gott des Lichts von all den alten auferstehenden Sonnengöttern übernommen hatte. Ein paar von den Schweinen, bei denen man wirklich nicht mehr warten konnte, hatte man wohl über die vergangenen Wochen bereits geschlachtet, und sie hingen jetzt in der Räucherkammer oder lagen im Pökelbottich. Was man damals aufgrund der Fastenzeit nicht frisch essen konnte, kam in die Wurst, die sich wegen der winterlichen Temperaturen durchaus ein paar Tage länger aufbewahren ließen als sonst, nun aber bei der wirklich ersten kultisch akzeptablen Gelegenheit serviert wurde. Wer nicht viel von Kirchenbesuchen hielt und vor der Bescherung essen wollte, der gehörte zur konkurrierenden Karpfenfraktion. Und damit sind wir schon bei der Fastenzeit und den seltsamen saisonalen Speisetabus der Christenheit angekommen.

Heute leisten Menschen – ob fromm oder nicht – scheinbar mehr dem Sinn als der Tradition nach ihre Fastengelübde. Der eine verzichtet auf Schokolade, der andere auf Alkohol und der dritte auf die Playstation. Dabei beweist man sich mehr seine Herrschaft über sich selbst als seine Unterwerfung unter die Gottes, was in der postmodernen Kultur der Selbstzucht und Selbstoptimierung die kulturell angepasste Praxis ist. In der historischen Fastenpraxis des westlichen Christentums ging es aber nicht um Selbstkontrolle, auch nur selten um Selbstkasteiung und es konnte aufgrund der schon beschriebenen ökonomischen Fakten eigentlich auch nicht wirklich um Verzicht gehen, denn recht viel mehr Fleisch, als die Menschen an den Nichtfasttagen aßen, hätten sie ohnehin nicht zur Verfügung gehabt.

Wie beim Schweinefleischtabu ist der Trick, den Verzicht auf etwas, was man ohnehin nicht wirklich hätte haben können, als spirituelle Leistung erscheinen zu lassen. Den vormodernen Christen vorzuschreiben, am Freitag kein Fleisch zu essen und die längeren Fastenzeiten vor den liturgischen Hochfesten einzuhalten, schränkte die große Mehrheit der Bevölkerung nicht maßgeblich in ihrem Essverhalten ein. Die, die es betraf, also die überhaupt auf Fleisch verzichten konnten, weil sie es hätten essen können, waren wieder einmal die Eliten. Auf diesem Weg konnten sie sich, genauso wie ihre indischen Standesgenossen, spirituell aufwerten, denn sie konnten demonstrativ Verzicht leisten, während für die breite Masse der Braten und der Gnadensegen gleichermaßen unerreichbar blieben. Diese Elite setzte sich im mittelalterlichen Europa zum einen Teil aus dem Adel, zum anderen aus dem Klerus und unter diesem ganz wesentlich aus den Ordensgeistlichen zusammen. Der arme Dorfpfarrer war genauso wenig in Versuchung, das freitägliche Fastengebot zu brechen, wie seine ähnlich mangelernährte Herde. In den Klöstern aber wurde gevöllert wie nirgends sonst, hatten diese doch durch die Ausstattung mit reichen Ländereien eine ebenso sichere Versorgung wie der Adel und wenig andere Vergnügungen.

Aus Klöstern stammen daher viele frühe Rezeptsammlungen, welche uns zeigen, wie elegant das jahreszeitlich wechselnde und durch die Fastengebote eingeschränkte Nahrungsmittelregime zubereitet wurde, und die Wirtschaftsbücher der Abteien zeugen davon, welch üppige Tafeln die Brüder und Schwestern bisweilen hielten. Von Kasteiung und Klostersuppe kann bei den Mönchen und vor allem bei den meist aus dem Adel stammenden Äbten und Prälaten kaum die Rede sein. Und im Notfall griff man zu einer List, wie eine Anekdote über jenen

Abt berichtet, der in der Not das Ferkel mit Wasser benetzte und mit den Worten „Ego te baptizo carpam" (Ich taufe dich Karpfen) seine priesterliche Autorität im Interesse der Speisenfolge einsetzte. Die Geschichte – *se non è vero, è molto ben trovato*, wie ausgerechnet der Erzskeptiker Giordano Bruno sagte – unterstreicht aber, dass es in erster Linie um Fleisch, konkret „rotes Fleisch" und erst in zweiter Linie um andere tierische Produkte und überhaupt nicht, wie in der modernen Fastenpraxis, um den Verzicht auf irgendwas Beliebiges ging.

Mit Milch und Eiern war es auch nicht so weit her. 1486 erlaubte Papst Innozenz VIII. auch den Verzehr von Laktizinien (also aus Milch und oft auch Eiern hergestellten Nahrungsmitteln) in der Fastenzeit. Er hatte anscheinend eingesehen, dass sich das Gebot ohnehin nicht durchsetzen ließ. Schon davor hatte man sich gegen Zahlung des sogenannten Butterpfennigs vom Verbot, Butter und andere Milchspeisen zu verzehren, Dispens erteilen lassen können. Hier kommt die Erfahrungsregel aus der Juristerei zur Anwendung, dass eine Übertretung, die nicht wirksam unterbunden werden kann, am besten durch ein geringes Bußgeld geahndet wird. Man erhält das Rechtsprinzip aufrecht und tut was für die Kasse. Und letztendlich ist es von der Einsicht gesteuert, dass man es den Leuten eh nicht abgewöhnen kann, weil die notwendige Durchsetzung der Einhaltung der Regel mehr Probleme und Kosten verursachen würde als ihre stillschweigende Duldung. Das ist wie mit dem Falschparken oder Geschwindigkeitsübertretungen. Bezüglich des Verzichts auf Alkohol als Fastengebot bleibt die schlichte Feststellung, dass Bier, wie schon erwähnt, im mittelalterlichen Europa als Nahrungsmittel und nicht als alkoholisches Getränk verstanden wurde; und wer konnte sich schon außerhalb der Weinbauregionen Wein leisten – und folglich auf ihn verzichten?

Was ist aber mit dem sogenannten roten Fleisch? Wenn es, wie die neutestamentarische Erzählung will, wirklich darum ging, etwa vor Ostern, dem Beispiel Jesu nachzueifern, der vierzig Tage in die Wüste ging, um zu fasten und zu beten, warum dann diese Fixierung auf das Fleisch, namentlich das rote (also das Fleisch von Rind, Schwein, Schaf, Ziege und Wild), während weißes Fleisch (also Fisch und eigentlich auch Geflügel) erlaubt war? Es steht ja nicht in der Bibel, dass Christus kein Schnitzel aß in der Wüste, er dürfte überhaupt nichts gegessen haben – und hatte folglich, wie beispielsweise andere Visionssucher, die dasselbe praktizieren, eine ziemlich beeindruckende „Vision Quest". Immerhin bot ihm der Teufel alle Königreiche der Welt an; ein Teller Suppe wäre als letzte Versuchung Christi wahrscheinlich weitaus verführerischer gewesen.

Der Schlüssel liegt in einer Passage der Ordensregeln der Benediktiner, des ältesten klösterlichen Ordens der westlichen Christenheit, welche um das Jahr 540 n. Chr. in Italien verfasst wurden. Das Fasten und die Einhaltung der Fastenregeln wurden in den Klöstern besonders beachtet und sind daher – wie überhaupt der klösterliche Tagesablauf – bis ins Detail geregelt. Deswegen machte sich der Ordensgründer auch darüber Gedanken, wie mit Kranken, welche einer stärkenden Ernährung bedürfen, in der Fastenzeit zu verfahren sei: „Die ganz schwachen Kranken dürfen außerdem zur Wiederherstellung ihrer Gesundheit Fleisch essen. Doch sobald es ihnen besser geht, sollen sie alle nach allgemeinem Brauch auf Fleisch verzichten." (Regula Benedicti 36.9) Aus der Wortkonkordanz geht hervor, dass mit dem lateinischen Wort *carnis*, welches hier für Fleisch verwendet wird, eindeutig das Fleisch vierfüßiger Tiere zu verstehen ist, das rote Fleisch also. Das Christentum verzichtete also nicht auf rotes Fleisch, weil diesem etwa besonders üble Eigenschaften zugeschrieben wurden, ganz im Gegenteil, das rote Fleisch galt als förderlich für Gesundheit, Kraft und Stärke und sollte der Entkräftung (*infirmitas*) entgegenwirken.

Am Beginn der Fastenzeit tauchen regelmäßig pseudorationalistische Erklärungen in den Medien auf, die dem Fasten eine ursprünglich gesundheitsfördernde Funktion unterstellen. Als Argument wird hier die Unterscheidung zwischen weißem und rotem Fleisch herangezogen, welche auf unterschiedliche Typen der Muskulatur bei den betroffenen Tierarten zurückgeführt wird. Dem roten Fleisch wird dabei eine erhöhte krebsfördernde Wirkung unterstellt. Nicht nur lässt sich der besagte Unterschied im Krebsrisiko nicht belegen – das Einzige, was sicher zu sein scheint, ist, dass industriell verarbeitetes Fleisch das Krebsrisiko erhöht. Die von der traditionellen Unterscheidung in rotes und weißes Fleisch getrennten Tierarten sind ebenso wenig in Hinblick auf die Natur ihrer Muskelfasern einheitlich, wie die Wiederkäuer im Buch Leviticus alle Wiederkäuer sind. Genauso wie die Versuche, die Trichinose als Grund für das Schweinefleischtabu festzumachen, müssen derartige rationalistische Erklärungen scheitern. In den religiösen Traditionen unserer Vorfahren schlummern eben nicht göttlich offenbartes oder vergessenes, medizinisches Wissen, sondern einzig und allein überholte und unzutreffende Theorien über die sie umgebende Natur – in diesem Fall handelte es sich allerdings tatsächlich um eine medizinische.

Es handelt sich um die Säftelehre oder Humoralpathologie. Diese wurde im Mittelalter mit dem Namen und der Autorität des Urvaters der westlichen Medizin, Hippokrates, verbunden, ihre Ursprünge reichten aber sogar noch weiter auf die Vier-Elemente-Lehre des Empedokles im alten Ägypten zurück.

Die Säftelehre erklärt die Funktionsweise des menschlichen Organismus und seine Erkrankungen durch das Gleichgewicht oder Ungleichgewicht der vier Körpersäfte (Blut, Schleim, weiße und schwarze Galle), welche man vor allem diätisch zu regulieren versuchte. Sie reiht sich in eine Gruppe von ähnlichen Theorien ein, welche über Indien (Ayurveda) bis China (Traditionelle Chinesische Medizin) im Wesentlichen der Unkenntnis der vormodernen Mediziner aller Kulturen über die tatsächliche Funktionsweise des Körpers und vor allem über den Ursprung infektiöser Krankheiten geschuldet sind.

Die Humoralpathologie weist aber – ähnlich wie ihre Schwestersysteme im Orient – bestimmten Nahrungsmitteln bestimmte Wirkungen auf die Körpersäfte zu, je nachdem welches der vier Elemente (Luft, Wasser, Erde und Feuer) in ihnen überwog. Dementsprechend wurde festgestellt, dass rotes Fleisch eindeutig mit dem Blut als Körpersaft zusammenhängen müsse, denn … naja, beides ist rot und im Fleisch ist schließlich Blut drin, es ist warm, süß und feucht. Blut, dessen Übermaß nach dieser Theorie das aufbrausende, sanguinische Temperament auslöst, war also jener Körpersaft, der durch den Konsum von rotem Fleisch beeinflusst wurde; und Blut ist auch der Saft, der die Fleischeslust steuert. *Infirmitas*, jener Zustand, der durch eine Schwächung des Körpersaftes hervorgerufen und durch die Zufuhr von Fleisch ausgeglichen werden sollte, bedeutete daher nicht zuletzt Impotenz.

Es geht also beim christlichen Tabu des roten Fleisches in der Fastenzeit auf verborgene Weise um das große christliche Tabu überhaupt, das sexuelle nämlich und die Lust auf Fleisch und die Fleischeslust, die uns schon ganz am Anfang als irgendwie verschwägert untergekommen sind, haben unter der Ägide der Medizin und der Kirche hier wieder zusammengefunden. Alles nur Aberglaube? Heutzutage können und sollten vegan lebende Frauen mithilfe unserer Kenntnisse über die menschliche Biochemie bestimmte Blutwerte im Blick behalten, dazu gehört der Eisenhaushalt. Ein Eisenmangel betrifft besonders häufig „menstruierende Personen", wie man neuerdings sagt, da diese ja monatlich eine gewisse Menge Blut und damit das darin enthaltene Eisen verlieren. Der Körper gibt sonst sein Eisen nur sehr ungern her, weil es schwer zu beschaffen ist. Wenn man kein Fleisch, namentlich kein rotes isst, ist es mühsam, aus anderen Nahrungsmitteln den notwendigen Eisenspiegel aufrechtzuerhalten. Man muss dann sehr gezielt eisenreiche Gemüse konsumieren und unterstützend Nahrungsmittel, welche die Absorption des Eisens regulieren. Eisenmangel kann Schwangerschaften negativ beeinflussen, weswegen Veganerinnen, welche beabsichtigen schwanger zu werden, geraten wird, sich vorsorglich mit ihrem Arzt in Verbindung zu setzen und gegebenenfalls entsprechende Präparate zu einzunehmen. In der Wissenschaft werden die Auswirkungen einer veganen Ernährung auf die Menstruation insgesamt, die Wahrscheinlichkeit schwanger zu werden und eine Schwangerschaft auszutragen, diskutiert, sie sind aber in den Studien noch nicht ausreichend belegt. Man kann aber vorsichtig vermuten, dass ungewollte Schwangerschaften weniger wahrscheinlich sind, wenn man schon aktive Schritte einleiten sollte, um eine gewollte herbeizuführen. Auch wenn die Erklärungen der Humoralpathologen und ihrer verwandten Schulen meist Mumpitz waren, ihre Beobachtungen waren oft sehr gut und griffen auf sehr lange Beobachtungszeiträume zurück. So stellten sie offenbar einen Zusammenhang zwischen rotem Fleisch und erfolgreicher Fortpflanzung her. Ohne die wahren Gründe zu kennen, bestärkte sie dies in ihrer

Überzeugung, dass der beste Schutz gegen die Fleischeslust der Fleischverzicht sein könnte.

Die Humoralpathologie beeinflusste im Übrigen die mittelalterliche Küche Europas nachhaltig. Lange bevor ayurvedische Restaurants aus dem Boden schossen, teilten unsere Vorfahren Nahrungsmittel in „warm" und „kalt", „feucht" und „trocken" ein, und von Köchen wurde erwartet, dass sie Lebensmittel so kombinierten, dass sich diese Eigenschaften ausglichen und ergänzten. Das Grundtemperament der Gäste wollte ebenso bedacht werden, schließlich riskierten Choleriker, die sich zu viel feurige Nahrungsmittel zuführten, einen Herzinfarkt zu erleiden! Manchmal wundert man sich über die treffsichere Übereinstimmung mit den durch das Agrarsystem vorgegebenen Möglichkeiten: Rindfleisch sei „warm" und „trocken", also „feurig". Es musste daher in Wasser gekocht werden. Schweinefleisch galt als weniger feurig wie Rindfleisch (weil weniger rot) und man musste daher für die volle Wirkung Feuer zuführen, weshalb es bevorzugt auf offenem Feuer gebraten wurde. Es fühlt sich fast wie ein Henne-Ei-Problem an, doch handelt es sich wahrscheinlich um die üblichen evolutionären Feedbackloops, in denen sich die Bedingungen des Systems gegenseitig verstärken und dann am Ende der Überbau, also wie sich die Menschen die Welt erklären, überraschenderweise genau mit dem übereinstimmt, wie die Welt erscheint – nur nicht mit dem, wie sie wirklich ist. Erst die Aufklärung und die wissenschaftliche Revolution der Neuzeit hat uns ein halbwegs verlässliches Mittel in die Hand gegeben, zwischen Sein und Anschein zu unterscheiden.

ZURSCHAUSTELLER

Für die Menschen des vorwissenschaftlichen Zeitalters war der Anschein das Einzige, was ihnen zur Beurteilung eines Sachverhaltes zur Verfügung stand; und wer erfolgreich den Anschein erwecken konnte, dass an einer Sache etwas dran war, hatte schon gewonnen, da eine faktische Überprüfbarkeit nicht leicht möglich war. Und trotz allem traditionellen Wissen, das unsere Vorfahren oft über ihre Umwelt besaßen, Menschen sind leider erwiesenermaßen sehr schlecht darin, Wahrscheinlichkeiten korrekt abzuschätzen, Quantitäten richtig zueinander in Beziehung zu setzen und langsame, komplexe Prozesse über lange Zeiträume in ihrer Tragweite richtig zu beurteilen. Daran hat sich auch seit der Aufklärung nichts geändert, weshalb wir ja die wissenschaftliche Methode brauchen.

In der Vergangenheit konnte ein eigentlich sinnvolles Speisetabu im Laufe der Zeit zu einer nachteiligen Regel werden, zu einer „Fehlanpassung", wie der amerikanische Anthropologe Robert Edgerton solche Phänomene genannt hat. Er zitiert das Beispiel eines Volkes im Amazonas, bei welchem das Tabu herrscht, Tapire zu jagen und zu essen. Nun gäbe es in ihrem Lebensraum durchaus eine ausreichend große und fruchtbare Population von Tapiren, sodass diese eine angemessene Bejagung durchaus aushalten würde und den Menschen eine wertvolle Nahrungsressource bieten könnte. Trotzdem werden sie nicht gejagt. Edgerton vermutete, dass es zu diesem nicht unbedingt notwendigen Tabu gekommen war, nachdem zuerst nur Schamanen und andere herausragende Individuen aus totemistischen Gründen den Verzehr des Tapirs ablehnten. Im Laufe der Zeit imitierten andere Angehörige des Volkes dieses Tabu, um damit sozial in die Nähe dieser anerkannten Kreise zu rücken, bis schließlich niemand mehr Tapire jagte oder aß, obwohl es ökologisch gar nicht notwendig gewesen wäre. Edgerton lieferte so eine gute Erklärung, wie sich Nahrungstabus in Bevölkerungen von oben nach unten verbreiten können. Die hinduistischen und buddhistischen Speisetabus haben sich in unterschiedlichen Räumen auf diese Weise verbreitet und auch die aktuelle vegane Welle trägt Zeichen eines Elitenphänomens.

Hilfreich ist Edgertons Beobachtung auch in Kombination mit einer anderen Theorie. Joseph Henrich hat festgestellt, dass es eine sehr weit verbreitete und sehr erfolgreiche soziale Kommunikationsstrategie gibt, welche wohl auch ursprünglich hinter dem Tapir-Tabu von Edgertons Schamanen steckte: Wer außergewöhnliche Behauptungen macht, muss außergewöhnliche Beweise liefern. In einer vorwissenschaftlichen Gesellschaft geht es um Anschein und Glaubwürdigkeit, nicht um Sein und Überprüfbarkeit. Wer also in einer vorwissenschaftlichen Gesellschaft andere von seinem Standpunkt überzeugen wollte, so Joseph Henrich, tat das oft sehr erfolgreich mit einer „kostspieligen Zurschaustellung" (*costly display*). Er tut also etwas, was andere niemals tun würden, und verleiht damit seinen damit völlig unzusammenhängenden Behauptungen und Forderungen Gewicht und Überzeugungskraft. Wenn also alle gerne Tapir essen, der Schamane aber erklärt, er dürfe keinen Tapir essen, weil er sonst seine Kräfte verliere, geht im Kopf vieler, die das hören, etwa Folgendes vor: „Mann, Tapir schmeckt super. Wir alle mögen Tapir. Wenn der Typ also bereit ist, für seinen Kontakt zu den Geistern auf Tapir zu verzichten, muss dieser Kontakt mit den Geistern wirklich noch toller sein als Tapir am Spieß!" Und unbemerkt ist in dieser

Folgerungskette passiert, was die kostspielige Zurschaustellung eigentlich bezwecken sollte, nämlich die Behauptung des Schamanen, mit den Geistern in Kontakt zu stehen, als Tatsache zu akzeptieren.

Diese Strategie findet sich in vielen kulturellen Zusammenhängen, eben weil sie so erfolgreich unsere kognitiven Lücken ausnützt. Wir schließen von uns auf andere. Wir gehen davon aus, dass wir etwas Angenehmes nur aufgeben oder etwas Unangenehmes nur tun würden, wenn der Gegenwert stimmt und real ist, und folgern daher im Umkehrschluss, dass das, was uns der andere als Gegenwert präsentiert, real sein muss, wenn wir ihm dabei zusehen können, wie er dafür erhebliche Unannehmlichkeiten auf sich nimmt. Die kostspielige Zurschaustellung ist aber nur eine strategische Ablenkung wie beim Zaubertrick, wo die eine Hand etwas Sensationelles zeigt, während die andere schnell das einkassiert, auf das es der Taschenspieler abgesehen hat. Indem die Taschenspieler kostspielige Verzichtsleistungen wie das Zölibat, ein Leben ohne Familie und Zuhause oder als Einsiedler, das jahrelange Herumstehen in seltsamen Posen, Armutsgelübde, sich in die Luft zu sprengen oder die Aufzucht ihrer Nachkommen ohne Fernseher oder Handy als großartige Opfer vor unseren Augen präsentieren, kassieren sie mit der anderen Hand unsere Bereitschaft ein, ihnen das zu glauben, um das es ihnen wirklich geht; dass sie für Gott sprechen, Zauberkräfte haben, 72 Jungfrauen auf jeden warten, der es ihnen nachtut, oder sie die besseren Eltern sind.

Diese Kommunikationsstrategie steckt hinter zahlreichen Speisetabus, die von asketischen, religiösen Eliten in unterschiedlichen Gesellschaften praktiziert wurden. Und diese betrafen deswegen so oft Fleisch, weil Fleisch das Nahrungsmittel war, das in Agrargesellschaften so selten und doch so begehrt war, dass der Verzicht darauf als hinreichend außergewöhnliches Opfer galt, um außergewöhnliche Behauptungen scheinbar zu beweisen. Es wäre ein Fehler zu glauben, dass wir heute nicht mehr auf diese Strategien hereinfallen. So lange haben wir das agrarische Zeitalter noch nicht hinter uns gelassen. So *weird* wir auch geworden sind, es steckt immer noch sehr viel davon in uns, auch wenn sich in den vergangenen 200 Jahren vieles verändert hat, auch, und insbesondere, unser Fleischkonsum.

Zeitalter der Schlachthöfe

Die Agrarrevolution und ihre Folgen

Nach Hunderttausenden von Jahren als Sammler und Jäger haben wir fast zehntausend Jahre in agrarischen Gesellschaften verbracht, in denen Nahrungsmittel insgesamt und Fleisch insbesondere immer Mangelware blieben, chronisch in der Qualität, in regelmäßigen Abständen durch klimatische Zyklen wie den erwähnten Monsunwinden in Indien oder durch politische Ereignisse wie Kriege auch in der Quantität. Unsere Vorfahren ernährten sich die meiste Zeit hauptsächlich von Kohlehydraten und hungerten trotzdem alle paar Jahre ernstlich. Fleisch und viele andere wertvollere Nahrungsmittel – darunter auch viele Gemüse oder frisches Obst – kamen nur auf den Tisch, wann und wenn es die Götter wollten, und nie ausreichend, um eine gesunde Ernährung zu gewährleisten.

Wie im letzten Kapitel gesehen, benutzten unsere Vorfahren den streng limitierten Konsum von Fleisch, um ihre sozialen Hierarchien und kulturellen Abgrenzungen zu stärken und mystifizierten so ein Nahrungsmittel, das für diesen Zweck eben deswegen besonders geeignet war, weil es so selten war. Der Mangel und die Bedeutungszuschreibungen in diesen langen Jahrtausenden haben nachhaltig unser Verhältnis zu unserer Nahrung geprägt, bis sich in historisch unglaublich kurzer Zeit für einen kleinen, aber tonangebenden Teil der Weltbevölkerung das alles ändern sollte.

Es hatte mit Leuten angefangen, welche Lupinen pflanzten und ihre Milchkühe in Ställen hielten. Im 18. Jahrhundert fegte eine neue Art zu Denken durch die gebildeten und wohlhabenden Schichten Westeuropas: Rationalismus, Empirismus, Aufklärung, Wissenschaft. Die *philosophes* machten sich über alles Mögliche Gedanken und versuchten, alle Aspekte der Natur und menschlichen Gesellschaft auf eine rationale, wissenschaftliche

Grundlage zu stellen. Dementsprechend machten sie auch vor der Landwirtschaft nicht halt. Als „Agronomen" und „Physiokraten" richteten sie die neue, scharfe Linse der wissenschaftlichen Methode auf die Praktiken der traditionellen agrarischen Systeme und fanden dort einiges an Verbesserungspotenzial. Und Verbesserung tat not, war doch unleugbar, dass das bestehende Agrarsystem nicht hinreichend gut funktionierte.

Die sich gerade zu modernen Staaten verdichtenden Monarchien Europas standen in heftiger Konkurrenz zueinander. Kluge Denker hatten schon in Gestalt der vorherrschenden, merkantilistischen Wirtschaftstheorien postuliert, dass die innere Produktivität eines Landes seine Wirtschaftsleistung und damit das Aufkommen an besteuerbaren Geld- und Warenströmen bestimme. Davon hinge umgekehrt ab, wie viel Geld die Krone für Schiffe, Soldaten und Hofhaltung zur Verfügung hatte. Schiffe und Soldaten brauchte man, um auf der außenpolitischen Bühne mitspielen zu können, eine aufwändige Hofhaltung, wie Frankreich unter den Bourbonen vorgeführt hatte, war das Mittel, um die Aristokratie, die man in mehreren Jahrhunderten Religions- und Bürgerkriegen in die Knie gezwungen hatte, davon abzuhalten, wieder auf dumme Gedanken zu kommen. Der merkantilistische Staat brauchte also laufend mehr Einnahmen, und diese waren, da die Wertschöpfung in den vorwiegend agrarischen Gesellschaften Westeuropas noch immer vornehmlich auf Feldern und Weiden erfolgte, nur durch mehr Leute, die mehr Agrargüter produzierten, zu erreichen. Merkantilistische Monarchien waren daher an Bevölkerungswachstum interessiert, weswegen arme, aber ehrgeizige Spieler im europäischen Spiel der Mächte, wie das aufstrebende Preußen, auch nur zu gerne bereit waren, die aus Frankreich vertriebenen Hugenotten aufzunehmen.

DIE AGRARREVOLUTION UND IHRE FOLGEN

Das wünschenswerte Bevölkerungswachstum war aber nur in dem beschränkten Rahmen möglich, wie es das ohnehin schon an den Grenzen der Möglichkeiten operierende agrarische System zuließ. Das erkannte auch der bereits erwähnte englische Kleriker und Ökonom Thomas Robert Malthus, der seine bis heute populäre Theorie vom exponentiellen Wachstum der Bevölkerung und dem maximal linearen Wachstum der agrarischen Produktion in seinem Werk *Principles of Political Economy* 1820 veröffentlichte. Darin postulierte er, dass früher oder später die beiden Kurven in ein katastrophales Missverhältnis – der nach ihm benannten „malthusianischen Krise" – laufen mussten, welches zu Hungersnöten und Revolten führen würde. Vor allem Letzteres beunruhigte die englische Oberschicht, die gerade einen sehr langen, kostspieligen Krieg geführt hatte, um das Gespenst von Jakobinertum und Revolution auf dem Kontinent auszumerzen. Malthus stand mit seiner Theorie in Gegensatz zu seinem Freund und Zeitgenossen David Ricardo, den wir auch schon kennengelernt haben. Dieser meinte, dass durch klugen Güteraustausch diese Effekte niemals schlagend werden würden. Beide waren indes eigentlich schon von der Realität und den Freunden von Lupinen und Stallkühen eingeholt worden. Die Bevölkerungsexplosion, die den Reverend Malthus so sehr beunruhigte, war nämlich tatsächlich schon der Effekt einer tiefgreifenden Veränderung des agrarischen Systems, der sogenannten *Agrarrevolution*.

England war im Laufe des späten 17. und frühen 18. Jahrhunderts nach militärischen und politischen Siegen über die Holländer zur dominanten Handelsnation in Westeuropa geworden. Eine wesentliche Rolle spielte dabei der Friedensvertrag im Spanischen Erbfolgekrieg, der England das Recht auf den Sklavenhandel mit den spanischen Kolonien in Amerika einräumte, der sogenannte *Asiento de Negros* von 1713. Dieser machte englische Hafenstädte wie Liverpool zu den Zentren des Sklavenhandels und spülte märchenhafte Gewinne in die Taschen englischer Reeder, deren aus diesen Gewinnen finanzierte Monumente erst kürzlich in Großbritannien Ziel heftiger Proteste geworden sind. Der Aufstieg der City of London als Europas erster Finanzplatz vor Amsterdam besiegelte, was durch Kolonien auf der politischen Landkarte sichtbar und durch die Präsenz der Royal Navy auf allen Weltmeeren unleugbar geworden war: England war zur Drehscheibe des Welthandels, vor allem aber der Weltfinanz geworden. Durch die Banken, Börse und Handelskontore der City of London strömte nicht nur das Kapital Europas, sondern zunehmend der ganzen Welt. So erlebte das Land alsbald eine außergewöhnliche Schwemme von Investmentkapital, das irgendwo hin musste.

In einer Gesellschaft, in der das Denken des agrarischen Zeitalters immer noch vorherrschte, galt Land nach wie vor als die sicherste und respektabelste Investition. Der klassische – der Tory-Weg sozusagen – für die aufstrebende Schicht aus Händlern und Spekulanten war daher, sich von den Gewinnen aus anderen Geschäften Land zu kaufen, dieses zu sicheren und stabilen Raten zu verpachten (Mr. Darcy's Besitz in *Pride and Prejudice* brachte fixe 10.000 Pfund pro Jahr ein) und sich vorzugsweise auf dem schönsten Flecken davon ein repräsentatives Landhaus zu errichten, um es in die Gentry zu schaffen und dann irgendwann zum Country Dance in Highbury eingeladen zu werden. Wenn man dann noch verlässliche Pächter hatte, einen wie Robert Martin in Jane Austens Roman *Emma*, konnte man sich auf konstante und verlässliche Einnahmen freuen. Jedoch trug dieses Modell gleichzeitig auch zur nachhaltigen Umgestaltung der Besitzverhältnisse, Marktgegebenheiten und damit indirekt der Produktivität der britischen Landwirtschaft bei. Denn wo immer große Mengen an Kapital auf einen beschränkten Markt treffen – und Ackerland ist nun einmal auf einer Insel nur in einem beschränkten Maß vorhanden – entstehen Marktdeformationen. Manchmal können solche Deformationen ein ganzes Wirtschaftssystem in eine neue Phase schubsen.

Historisch hatten Agrargesellschaften ihr Wirtschaftswachstum dadurch zustande gebracht, dass eine wachsende Bauernbevölkerung die Agrarflächen immer weiter ausdehnte. Von den griechischen Auswanderern der großen Kolonisation der archaischen Zeit bis zu den deutschen Rodungsbauern des Hochmittelalters in Osteuropa; die einzige Möglichkeit für eine agrarische Wirtschaft mehr zu produzieren, bestand darin, dass mehr Menschen mehr Ackerland bebauten. Handwerk, Bergbau und Handel waren demgegenüber vernachlässigbare Größen. Deswegen war das Wachstum des Pro-Kopf-Einkommens in den letzten paar Tausend Jahren zwar konstant, aber konstant niedrig und in enger Parallelführung zum Bevölkerungswachstum und der Ausdehnung des Ackerlandes erfolgt. In England waren aber die Wildnisreserven längst aufgebraucht, sodass schon in Elisabethanischer Zeit Wälder unter Schutz gestellt werden mussten, um die Versorgung der Flotte mit Schiffbauholz sicherzustellen. Zur Versorgung der Bevölkerung mit Brennstoff griff man deswegen früher als anderswo auf Steinkohle zurück, was sich in weiterer Folge ebenfalls als zukunftweisend erweisen sollte.

Nun war aber plötzlich das Kaufmannskapital exponentiell gewachsen und suchte nach Anlagemöglichkeiten. Die Kapitalbesitzer kauften also existierendes Ackerland hungrig auf und verpachteten es an Bauern, die nun, anders als in traditionellen, feudalen Arrangements, eine fixe Pacht bezahlten, also motiviert waren, ihre Erträge zu steigern, da jeder Mehrertrag in ihrer eigenen Tasche landete. Die Grundherren ihrerseits waren interessiert, in die Modernisierung der landwirtschaftlichen Produktionsweise auf ihren Gütern zu investieren und ihre Pächter entsprechend mit den neuesten Erkenntnissen der Agronomen bekannt zu machen. Denn ein ertragreiches Gut steigerte auch den Wert der Investition, sodass dieses potenziell wieder teurer weiterverpachtet oder verkauft werden konnte.

Die kapitalistische Logik, welche die neue englische Landbesitzerschicht als Schiffseigner, Plantagenbesitzer und Investoren erlernt hatte, nahm damit auch Einzug in die Landwirtschaft. Und die neuen Erkenntnisse aus der Wissenschaft boten tatsächlich Ansatzmöglichkeiten, um die Landwirtschaft zu optimieren. Dazu gehörte etwa die Einführung einer Zwischensaat aus Lupinen, welche als Hülsenfrüchte Stickstoff im Boden binden. Man experimentierte mit anderen Zwischensaaten, mit Fruchtwechsel und neuen Pflugformen; doch all diese technologischen Neuerungen konnten ihre Wirkung eben nur entfalten, weil sich die Besitzverhältnisse verändert hatten. Der Grundherr konnte seinen Pächtern seine Strategien vorschreiben und renitent konservative Bauern gegen innovationsfreudige austauschen. Der Feudalherr hingegen hätte seinen als Leibeigene an die Scholle gebundenen Untertanen das nie aufzwingen können.

Mit den „Enclosures", der Aufteilung der Allmende, der einstmals von den dörflichen Gemeinden gemeinsam genutzten Weiden und Wälder, ging das feudale Zeitalter in England wirklich zu Ende und es wurde in diesem Zuge noch jede Menge „unproduktives" Land für den Kapitalmarkt erschlossen. Im ersten Schritt mussten diese natürlich politisch durchgesetzt werden. Da das englische Parlament aber in der Hand der Gentry war, war das selten ein Problem. Danach wurde das Land nach einem Schlüssel verteilt, der sich am Grundbesitz orientierte. Damit war der örtliche Großgrundbesitzer schon einmal der größte Nutznießer, gefolgt von den mittelständischen Bauern. Von denen konnten sich viele aber nicht lange an ihrem neuen Eigentum erfreuen, waren sie der Konkurrenz der großen Güter mit ihren modernen Methoden doch bald unterlegen, sodass sie oft recht rasch ihr Land an dieselben Gutsherren verkaufen mussten.

Gänzlich leer gingen die landlosen Kleinbauern (Cottagers) aus, die vorher oft noch in der Lage gewesen waren, vor allem auf den gemeinsamen Weiden etwas Vieh zu halten, sich aus ihrem Hausgarten zu versorgen und durch etwas Heimarbeit, etwa als Weber, mehr recht als schlecht durchzukommen. Für viele aus den ärmeren bäuerlichen Schichten bedeutete die Auflösung der Allmende das Ende ihrer selbstständigen agrarischen Existenz. Sie wurden zu Landarbeitern auf den Pachtgütern oder gezwungen, in die Städte zu ziehen. Sie waren die verarmte Masse, vor der dem Reverend Malthus so gegraut hatte, und das proletarisierte Arbeitskräftepotenzial für die nun ebenfalls Fahrt aufnehmende industrielle Revolution.

In Summe verbanden sich die vorangehende kommerzielle Revolution mit der Agrarrevolution und der industriellen. Der Historiker Kenneth Pomeranz beschreibt in seinem Buch *The Great Divergence*, wie diese Synergie nach 1800 die Wirtschaft Westeuropas, die in den Jahrtausenden davor immer deutlich hinter denen der islamischen Welt oder Chinas zurückgestanden hatte, vor allen anderen Ökonomien des Planeten so radikal davonziehen ließ. Mit Recht kann daher von einer Revolution und einem neuen Zeitalter gesprochen werden. Die Grundlage unseres Wirtschaftens und damit auch unsere Nahrungsmittelversorgung wurde auf so völlig andere Beine gestellt, wie es historisch davor nur einmal geschehen war – beim Übergang von der Lebensweise als Sammler und Jäger zu der als Ackerbauern.

Das Rind im Kapitalismus

Wie wirkte sich dieser revolutionäre Umbruch aber auf die Nutztierhaltung aus? Auch hier geht es nicht in erster Linie um die zahlreichen technischen Innovationen, welche die Geschichte der modernen hin zur industriellen Nutztierhaltung kennzeichneten; sondern vor allem um die neue Logik, welche die Verhältnisse in der Landwirtschaft umgestaltete. Diese gilt es zu verstehen, da sie so gar nicht den romantischen Vorstellungen vom respektvollen Zusammenleben von Bauer und Vieh in schöner Natur entspricht, wie es uns so häufig von Nahversorgerketten suggeriert wird, die ihr Fleisch mit Bildern von fröhlichen Ferkeln bewerben. Sie tun so, als hätte es eine solche heile Welt jüngst noch gegeben oder als würde sie auch noch irgendwo existieren. Tatsächlich hat sich das Verhältnis des Bauern zum lieben Vieh bereits durch die kapitalistische Umformung der Landwirtschaft im Zuge der landwirtschaftlichen Revolution einschneidend gegenüber dem verändert, was noch in den Jahrtausenden davor Gültigkeit hatte. So wie die Menschen gezwungen wurden, in

Fabriken durch ihre Arbeitskraft das in Maschinen und Rohstoffen steckende Investitionskapital produktiv zu machen, zwang die entstehende kapitalistische Landwirtschaft auch die Rindviecher in die Milchfabriken. Ihr Schicksal wollen wir hier exemplarisch für das Nutzvieh im Allgemeinen verfolgen.

Dabei ist zuerst einmal klarzustellen, dass „Kapitalismus" hier nicht als plumper politischer Kampfbegriff verwendet wird, sondern als analytische Kategorie einer Wirtschaftsform, welche sich von anderen, früheren Wirtschaftsordnungen maßgeblich unterscheidet. Eine kapitalistische Wirtschaft ist dadurch gekennzeichnet, dass das (Investment-)Kapital durch seine Flüsse – also in welche konkreten wirtschaftlichen Unternehmungen es fließt – die Gestalt der Gesamtwirtschaft prägt. In einer idealen kapitalistischen Wirtschaft fließt das Kapital schnell und frei dorthin, wo das höchstmöglichste und rascheste *Return on Investment* (Kapitalrendite) zu erwarten ist. Alles was diese Kapitalflüsse beeinflusst, sind maximal Hindernisse. In diesem System ist die Kapitalvermehrung der einzige Zweck und der viel beschworene „Markt" lediglich die Schnittstelle zu den Bedürfnissen der Menschen. Im Grunde ist dieser ein Weichenmechanismus, der das Kapital in die Branchen lenkt, wo aufgrund der Nachfragelage der beste *Return on Investment* zu erwarten ist.

Erstaunlicherweise – und das fiel schon den Zeitgenossen der Anfänge dieser Entwicklung wie Adam Smith auf – funktionierte dieses System so erstaunlich gut, weil es die egoistischen Interessen jedes Einzelnen zum Vorteil aller wie durch eine wundersame, unsichtbare Hand zu verbinden scheint. Und tatsächlich hat diese kapitalistische Wirtschaftsordnung (egal ob in ihrer liberalen, sozialistischen oder staatskapitalistischen vulgo „kommunistischen" Ausprägung) über die vergangenen 200 Jahre ein beispielloses ökonomisches Wachstum ermöglicht und nicht zuletzt dazu geführt, dass wir heute so unvergleichlich gut genährt sind.

Für die Rinder war die Ausgangslage wie beschrieben. Sie hatten ihre Rolle als Zugtiere in Westeuropa durch neue Pflüge, für die Pferde einfach besser geeignet waren, schon weitgehend verloren. Vornehmlich wurde sie wegen ihrer Milch gehalten oder als Kalbsbraten beziehungsweise als Rindsuppenfleisch nach Ende ihres Arbeitslebens verzehrt. Ihr Dung war weiterhin auf den Feldern höchst begehrt. Mit den beschriebenen Veränderungen der landwirtschaftlichen Verhältnisse in England geschah für Britanniens Rinder Folgendes: Bisher hatten die vielen mehr oder weniger großen Bauern jeweils ein paar Rinder für die Eigenversorgung mit Milch gehalten. Größere Bauern entsprechend mehr, aber selbst kleinere oft zumindest noch eine Kuh, da England mit seinen saftigen Wiesen die Rinderhaltung begünstigte. Was nicht selbst konsumiert werden konnte, wurde zu Käse verarbeitet und ging als Cheddar, Stilton oder Gloucester Cheese auf den Markt. Käse war daher ein wertvolles und hoch geschätztes Nahrungsmittel, dessen lokale Bezeichnungen darauf verweisen, dass die zahlende Kundschaft nur bereit war, für Markenware gutes Geld auszugeben.

All die Kühe, deren Milch zu Cheddar und Stilton verarbeitet werden sollte, grasten, wie im historischen, feudalen System Alteuropas üblich, auf den brach liegenden Feldern und auf den Gemeindeweiden und hinterließen dort ihren Dung. Beides hörte nun aber auf. Auf den Feldern standen Zwischensaaten und die Commons waren verteilt. Die Pächter hielten sich zwar weiterhin Kühe für ihre Eigenversorgung, ebenso die Gutshöfe, das hieß aber, die Kühe defäkierten nun – ganz im Sinne der Förderung des Privatbesitzes – ausschließlich auf die Weiden der Eigentümer. Doch auch dort durften sie nicht lange bleiben.

Mit dem Verschwinden der Commons wurden Flächen unter den Pflug genommen, die vorher brach gelegen hatten, und es blieben nur mehr die nicht anders nutzbaren Feuchtwiesen als Weiden übrig. Da Arbeitskraft nun bezahlt wurde, sollten auch die Arbeitsprozesse um die Milchviehhaltung optimiert werden, und da erwies es sich als effektiver, wenn man die Rinder nicht irgendwo auf der Weide melken musste, sondern das gleich im Stall erledigen konnte. So verbrachten Rinder immer mehr Zeit im Stall und man ging vermehrt dazu über, das Futter, zum Beispiel den Klee, der als Zwischensaat auf den Feldern stand, abzuernten und ihnen in den Stall zu bringen und umgekehrt ihren Dung dort auszubringen, wo es nach den neuen, agronomischen Erkenntnissen sinnvoll war. Auch ein anderes Problem war mit der Stallhaltung gelöst: Früher hatten die Rinder immer auf den brach liegenden Feldern durch ihr schwergewichtiges Herumstampfen den Boden verdichtet, sodass dieser anschließend wieder mühsam aufgebrochen werden musste. Das war nun auch vorbei.

Die Nachfrage nach Milchprodukten war indes ungebrochen; ja sie stieg sogar noch, da die in die Städte abgewanderten Kleinbauern dort auch Käse essen wollten, aber nun keine eigenen Kühe mehr halten konnten. Dementsprechend begannen die nun agronomisch und kapitalistisch denkenden Gutsherren und großen Pächter für den städtischen Markt zu produzieren und gleichzeitig ihre Rinder mit Hinblick auf die Optimierung für die Stallhaltung und einen hohen Milchertrag zu züchten. Die Gutsherren konnten die Politik ihrer Pächter mitgestalten, indem sie ihre Zuchtbullen zur Verfügung stellten oder bei den ländlichen Kirchweihfesten besondere Milchleistung oder bei den Ochsen die Fleischmenge mit Preisen prämierten. Gesponsert wurden solche Veranstaltungen von den lokalen und regionalen Züchtervereinen, deren Gründer sie praktischerweise auch gleich waren. Das alles fand natürlich im Sinne der Nahrungsmittelsicherheit der Nation statt, was angesichts der hungernden Massen, die sich in den städtischen Elendsquartieren, Arbeitshäusern und in den Suppenschlangen vor den Kirchen drängten, umso verdienstvoller erschien. Die Logik des Kapitalismus hatte das Rind erreicht und sie sollte gerade das Rind zu einem der ersten globalen, kapitalistischen Fleischproduzenten machen.

Die Urbanisierung, die hier schon angeklungen ist, ist hierzu der Schlüssel. Charakteristisch für moderne industrielle und kapitalistische Volkswirtschaften ist der rasante Anstieg der städtischen Bevölkerung. Diese wurde auf dem Land „freigesetzt", indem ihr die Lebensgrundlage entzogen wurde. Zugleich sank durch die Steigerung der Produktivität in der Landwirtschaft der Bedarf an Arbeitskräften, die notwendig waren, um den Rest zu ernähren, von ursprünglich beinahe 90 Prozent auf die wenigen Prozent, welche diese Tätigkeit in heutigen, entwickelten Volkswirtschaften ausüben. Die große Mehrheit dieser Menschen endete früher oder später in den Städten, wenn sie nicht durch Auswanderung ihre agrarische Lebensweise in solchen Regionen weiter ausüben konnten, wo Kolonialherren kürzlich Sammler und Jäger vertrieben hatten.

In jedem Fall kam es zu einer Neuaufstellung der Nahrungsmittelversorgung im großen Stil. Hatten früher fast alle Menschen ihre Nahrung selbst dort hergestellt, wo sie lebten, produzierten nun immer weniger Leute auf dem Land die Nahrung für alle anderen, die sich in den Städten konzentrierten und dort anderen Tätigkeiten – in Fabriken und im Laufe der Zeit immer mehr in Büros – nachgingen. Erst die Transportrevolution des 19. Jahrhunderts – Eisenbahn und Dampfboot – hatte überhaupt die notwendigen Kapazitäten geschaffen, damit in entfernten ländlichen Regionen produziert werden konnte, was in wenigen Ballungsräumen verzehrt wurde.

JUNGLE

Nirgendwo in der Welt waren die Naturräume so groß, die Eisenbahnen so lang und die Metropolen so rapide am Wachsen wie in den USA. Dorthin, in den „Westen", machten sich Massen von Auswanderern auf den Weg: hungernde Iren, enttäuschte deutsche 1848er-Sozialrevolutionäre, von den Großgrundbesitzern und ihren mafiösen Handlangern vertriebene Sizilianer und russische Muschiks, die als Folge der Modernisierung der russischen Landwirtschaft aus der Leibeigenschaft entlassen worden waren. Die nordamerikanischen Prärien waren gerade rechtzeitig durch die Ausrottung ihrer Nahrungsbasis, der Bisons, von den letzten freien Sammler- und Jägervölkern befreit worden. Da man auf den sehr weitläufigen frei gewordenen Flächen aber teils nur schlecht Ackerbau betreiben konnte, kam man auf die Idee, dort frei grasende Rinder zu züchten. Eigentlich ersetzte man nur eine Sorte großer Säuger durch eine andere. Die Neuen waren aber bereits das Produkt jenes züchterischen Eifers, der 200 Jahre zuvor in England begonnen hatte. Im Jahr 1900 brachte statt der mageren 370 Pfund Fleisch, die ein Bulle noch 1700 auf dem Viehmarkt von Smithfield in London gehabt hatte, ein preisgekrönter Stier auf der internationalen Viehausstellung von Chicago schon 1.430 Pfund auf die Waage – sicherlich ein außergewöhnliches Exemplar, dennoch bezeichnend. In Chicago trafen sich auch die meisten der Eisenbahnlinien, welche die gewaltigen Weideflächen im Westen mit den wimmelnden Metropolen und ihren Absatzmärkten an der Ostküste verbanden. Und so war es kein Zufall, dass um die Bahnhöfe Chicagos gewaltige Schlachthöfe entstanden, die Union Stock Yards, denen Upton Sinclair mit seinem Roman *The Jungle* (*Der Dschungel*) ein so erschütterndes literarisches Denkmal gesetzt hat.

Schlachthöfe zeigen besonders gut, wie die kapitalistische Industrialisierung unseren Fleischkonsum und die Fleischproduktion veränderte. Schon die Ranches in den Great Plains waren durch und durch kapitalistische Unternehmen. Der Rancher war ein Agrarunternehmer, der auf dem geraubten, daher fast kostenlosen Land anderer seinen Mehrwert generierte. Die Cowboys waren Angestellte, denen die Herden nicht gehörten, die sie trieben. Die Brutalität des Alten Westens mit seinen Desperados und Viehdieben war dementsprechend Ausdruck des Raubtierkapitalismus in seiner ungezügelten Form. Wenn die Herde auf dem Weg zum Wasser die mühsam angelegten Felder und eingehegten Weiden der nachdrängenden kleineren Siedler niedertrampelte und damit den Stoff für einen staubig-grimmigen Spätwestern lieferte, offenbarte sich die Gnadenlosigkeit dieses Systems nicht nur in den unrasierten Gesichtern und kalten Augen der Protagonisten. Dass die harten Männer der Prärie, die die muhende Fracht in die Viehwaggons der Züge trieben, genauso wenig Feingefühl gegenüber den Rindern an den Tag legten wie gegenüber den Menschen, die der Rendite im Weg standen, mag die inhärente Brutalität der aus den amerikanischen Ranches entstandenen modernen Viehwirtschaft zumindest zum Teil erklären. Der zu ziehende Schluss ist aber nicht der, dass die Aufzucht von Fleischtieren und deren Schlachtung die Menschen brutalisiert, sondern dass das Produktionssystem das Verhältnis dieser Menschen zu den Tieren und einander so nachhaltig beeinflusst hat.

Die Eisenbahn spielte auch auf der nächsten Etappe der Weiterentwicklung der Viehwirtschaft eine entscheidende Rolle: in Gestalt der Kühlwaggons, welche erst den Transport von bereits geschlachtetem, zerteiltem und verpacktem (darum heißt die ganze Fleischindustrie im Amerikanischen auch zutreffender „Meat *Packing* Industry") Fleisch ermöglichte. Vorher, so muss man sich klar machen, musste Fleisch unmittelbar nach der Schlachtung gegessen oder verarbeitet werden. Auf dem Land passierte das gleich an dem Ort, wo das Vieh bis dahin gelebt hatte. Dort starb es auch und wurde gegessen. Die Stadt erreichte Schlachtvieh noch bis weit ins 20. Jahrhundert hinein „auf dem Huf", weswegen die Zollordnungen mittelalterlicher Stadttore, Brücken und Fähren auch immer einen Betrag für Tiere „pro Huf" einzogen. Dort wurde es auf dem Markt vom Fleischer geschlachtet und direkt verkauft.

Die Schlachthöfe wurden von vormodernen Städten zuerst errichtet, um administrativ die Kontrolle über die städtische Fleischversorgung zu behalten und aus hygienischen Gründen. Sie blieben aber eine Ausnahme. Der bereits erwähnte Viehmarkt von Smithfield in London, im 18. Jahrhundert der größte der Welt, war Viehmarkt, Schlachthof und Fleischbank in einem. Er befand sich auf einem mehr als zwei Hektar großen schlammigen Feld mitten in der Stadt. Abgesehen davon, dass Städte wie London somit innerstädtische Viehpferche unterhalten mussten, die entsprechend stanken, wurden die tierischen Exkremente sowie die mit ihnen einhergehenden Zoonosen in die Städte gebracht. Zudem bedeutete dies, dass Fleisch in den Städten noch teurer wurde, da Städte nur Vieh aus einem bestimmten Einzugsbereich abschöpfen konnten. Sobald das Futter auf dem Weg zum Markt mehr kostete, als das Fleisch beim Verkauf einbrachte, war es schlicht unrentabel, Schlachtvieh zu liefern. Daher hatten nur Städte wie Wien, die in guter Reichweite der großen Weidegebiete Westungarns lagen, eine gute Chance, so etwas wie Kalbsschnitzel als lokale Spezialität zu entwickeln.

Über die bessere Haltbarkeit von Fleisch bei niedrigen Temperaturen wusste man seit alters her Bescheid. Darum schlachtete man ja auch bevorzugt im Winter. Fleisch und auch andere Waren – etwa Bier – kühl zu halten, war nur vordem schwierig, da als einzige Quelle natürliches Eis infrage kam, das im Winter geschnitten und über den Sommer in Eiskellern gut verpackt in Stroh in Fässern gelagert wurde. So funktionierten auch die ersten Kühlwaggons, die der Chicagoer Unternehmer Gustavus Swift im Winter 1877 erstmals auf die Reise schickte. Die nördliche Lage von Chicago und dementsprechend die reichliche Verfügbarkeit von Eis kamen seinen Plänen da sehr entgegen. Und Swift hatte große Pläne.

Er und die anderen Gründer der Chicagoer Fleischverpackungsindustrie planten nämlich nicht nur, die saftigen Steaks auf die Tische des zahlungskräftigen Bürgertums der Ostküste zu bringen. Swift und die anderen Räuberbarone des Gilded Age der Schlachthöfe planten, den gesamten Fleischmarkt der USA unter ihre Kontrolle zu bringen. Hinter dem „Union" in den Union Stock Yards verbirgt sich nämlich eines der für diese

Phase der US-amerikanischen Wirtschaft typischen Kartelle, welche ihre Marktmacht und alle nur denkbaren unlauteren Mittel bedenkenlos einsetzten, um zu einer marktbeherrschenden Stellung aufzusteigen. Im Fall der Chicagoer Schlachthausbarone erlangten sie die Marktmacht durch den Kostenvorteil, den sie durch günstige Lieferverträge und beinharte Verhandlungen mit den Ranchern sicherstellten, durch ihre beherrschende Stellung auf dem Eisenbahnsektor und indem sie die Produktion in ihren Fleischfabriken rationalisierten.

Was die Stock Yards eben auszeichnete war, dass sie ein Rind mit atemberaubender und – wenn man Upton Sinclairs Schilderung glauben darf – Übelkeit erregender Geschwindigkeit zerlegen konnten. Durch arbeitsteilige Produktion nach dem Modell der Fabrik und dem Einsatz von Förderbändern, welche Henry Ford zu seinen Fließbändern inspirieren sollten, wurde ein Rind in weniger als einer Stunde zerlegt, während ein geübter Fleischer mir mehreren Gehilfen dafür draußen einen ganzen Tag brauchte. Durch ihr gewaltiges Einzugsgebiet und ihre industrielle Produktionsweise konnten die Union Stock Yards gewaltige Mengen vorverpacktes Rindfleisch in großer Geschwindigkeit produzieren und mithilfe der Kühlwaggons war kein Punkt im Eisenbahnnetz der USA bald mehr vor Swift und Konsorten sicher. Die großen Fleischhändler begannen einen brutalen Preiskampf, indem sie Züge voller Rindfleisch in die Städte einfahren ließen und von massivem Marketing begleitet auf einen Schlag mehr Fleisch billig – oft unter dem Herstellungspreis – auf den lokalen Markt warfen, als die ganze Stadt sonst über einen langen Zeitraum konsumierte. So zwangen sie die lokale Konkurrenz in die Knie und schufen neue Märkte, indem nun auch ärmere Leute anfingen, das billige Fleisch aus den Schlachthöfen zu essen. Sobald sie sich so eine marktbeherrschende Stellung verschafft hatten, konnten sie die lokalen Preise diktieren.

Aufgrund dieser spezifischen Ausprägungen und den zufällig vorhandenen Bedingungen ist der Anfang des modernen Fleischkonsums in den USA zu verorten. Dass die Amerikaner heute noch immer bevorzugt Rindfleisch essen, und dieses am liebsten als Hackfleisch, Beef Brisket oder Steak, aber zum Beispiel so gut wie keine Innereien konsumieren, hat damit zu tun, dass sie das Fleischessen von der Industrie beigebracht bekommen haben. Die schlecht haltbaren Innereien hätten die langen Transportwege nicht überstanden und verließen daher die Schlachthöfe von Chicago gar nicht erst.

Tod durch Schnitzel

Auch in anderen Regionen der Welt stieg durch die Industrialisierung der Landwirtschaft die Produktion und der Konsum von Fleisch. England wurde bald von Kühlschiffen aus Argentinien mit Rindfleisch und aus Australien und Neuseeland mit Schaffleisch versorgt. Auf der anderen Seite überzog bald ein Netz von Milchabholstellen, Molkereien, Milchbars und vor die Tür gelieferten morgendlichen Milchflaschen die industrialisierten Länder, und sobald zuerst in den Geschäften und etwas später in jedem Haus ein Kühlschrank stand, war der Verfügbarkeit von frischem tierischem Eiweiß plötzlich Tür und Tor geöffnet. Pflanzliche Nahrung hatte nämlich über die ganze Zeit auch den heimlichen Vorteil gehabt, dass sie sich weitaus besser lagern ließ als tierische.

Woher auch immer die neuen, üppigeren Ströme von Fleisch und anderen tierischen Produkten kamen, sie landeten bei einem zunehmend breiten Segment der Bevölkerung. Die wundersame Macht des Marktes sorgte dafür, dass nun das reichlicher vorhandene Fleisch nicht nur billiger wurde, sondern der steigende Wohlstand immer breiterer Bevölkerungsschichten sorgte auch dafür – von einigen kurzfristigen Unterbrechungen durch Weltkriege und Wirtschaftskrisen abgesehen –, dass immer mehr Menschen immer mehr Fleisch auf ihren Speiseplan setzten und damit die Nachfrage zusätzlich ankurbelten.

Am kleinbürgerlichen Küchentisch der Nachkriegszeit offenbarten sich konzentriert Glanz und Elend jener Entwicklung, die 200 Jahre vorher auf englischen Wiesen begonnen hatte. Über Jahrtausende war Fleisch Mangelware gewesen. Unsere Vorfahren im agrarischen Zeitalter waren – nicht zuletzt wegen all der Propaganda, die um und mit Fleisch betrieben wurde – geradezu besessen von dem Nahrungsmittel. Fleisch war *das* besondere Nahrungsmittel. Es war zu den Festen der Götter gereicht worden und es hatte auf den Tafeln der Mächtigen und Reichen gelegen. Nun war es plötzlich so reichlich vorhanden wie nie zuvor, und – da es im Unterschied zur Waschmaschine, zum Fernseher und zum Geschirrspüler – eine trotzdem kleine, alltägliche Anschaffung war, war es bestens dazu geeignet, in kleinen, zuerst sonntäglichen, dann immer mehr alltäglichen Dosen das kleinbürgerliche Selbstwertgefühl aufzuwerten.

Dazu kam die ererbte und niemals befriedigte Gier nach Fleisch. Selbst in den besten Wirtschaftswunderzeiten erreichten unsere Eltern und Großeltern niemals proportional jenen Anteil an tierischer Nahrung, den unsere Vergangenheit als Sammler und Jäger uns eigentlich mitgegeben hätte. Und sie hätten auch gar nicht so viel Hackbraten, Schnitzel und Schweinemedaillons Hawaii essen können, dass sie einem paläolithischen Niveau nahegekommen wären. Sie setzten nämlich auf der anderen Seite die ererbten Nahrungsmittelregime ihrer bäuerlichen Vorfahren fort. Das Schnitzel lag folglich neben dem Kartoffelsalat, oder schlimmer noch: neben Pommes, der Hackbraten neben einem Berg Kartoffelpüree und die Schweinemedaillons im Reisring – mit reichlich dick gebundener Pfeffersauce. Dazu kam noch jede Menge Zuckerzeug – bis hin zu den sprudelnden, zuckerreichen Getränken (aber der Zucker ist eine ganz andere Geschichte), und fertig war eine Diät, deren verheerende Wirkung sich aus den Gesundheitsstatistiken der letzten Jahrzehnte mit ihrem Anstieg an Diabetes und Herz-Kreislauf-Erkrankungen nicht wegdiskutieren lässt. Dass wir überhaupt an diesen sterben können, haben wir dem Umstand zu verdanken, dass wir nicht mehr verhungern oder aufgrund von Mangelernährung und alltäglichen Kontakt mit Zoonosen an irgendwelchen Infektionskrankheiten eingehen. Selbst eine dem Junkfood verfallene Couch-Potato ernährt sich heute besser und vor allem breiter als unsere Vorfahren, sogar als solche, die der vormodernen Aristokratie angehörten.

Neben dem Umstand, dass der heutige Mensch sich einfach viel zu wenig bewegt, wirkt sich unsere Ernährungsweise auch deswegen so verheerend aus, weil wir mengenmäßig seit Jahrzehnten in einem Dauerexzess leben. Dummerweise könnte uns ausgerechnet unsere Erfahrung der letzten Jahrtausende dazu prädestiniert haben. Sportmediziner, die sich ja besonders für den Stoffwechsel ihrer Schützlinge interessieren, haben nämlich festgestellt, dass sich dauernder Verzicht auf all die bösen Dinge – Süßes, Fettes, Fleisch – negativ auswirken:

Der Körper fährt dann seinen Stoffwechsel runter und stoppt den Muskelaufbau und die Gewichtsabnahme. Durchbricht man aber die maßvolle Ernährung mit gelegentlichen Exzessen, haut man also so richtig rein und frisst sich voll, scheint der Körper zu denken, dass alles wieder in Ordnung sei und kehrt zum Normalprogramm zurück. Der langfristige Rhythmus unserer Ernährungsweise im agrarischen Zeitalter – meist wenig, oft zu wenig, plötzlich dann ganz viel – scheint sich also in unsere Erbanlagen eingeschrieben zu haben. Die meisten von uns sind Nachkommen von Ackerbauern, deren Metabolismus auf genau diese Abfolge am besten eingestellt war. Die anderen sind verhungert. Nur fressen wir uns seit geraumer Zeit ins Grab, weil unsere Genetik offensichtlich noch nicht kapiert hat, dass die schlechten Zeiten vorbei sind; zumindest für uns hier in den reichen, industrialisierten Ländern.

Der amerikanische Ökonom John Kenneth Galbraith hat nach dem Zweiten Weltkrieg den Begriff der „Affluent Society", der „Überflussgesellschaft" geprägt. Dass wenig später der eingangs zitierte Anthropologe Marshall Sahlins von der Jäger- und Sammlergesellschaft als erster Überflussgesellschaft schrieb, somit 10.000 Jahre voller Mangel dazwischen lagen, führt uns am Ende unseres historischen Streifzuges wieder an dessen Anfang zurück. Und es hinterlässt uns mit einer viel schwereren Frage als die, die sich unseren Vorfahren stellte. Für diese lautete die letzten zehntausend Jahre die Frage: „Wo krieg ich genug zu essen her?" Für uns lautet sie: „Was soll ich essen?"

Pièce de Résistance*

Warum wir gerade so viel über Fleisch reden

* Als *pièce de résistance* (französisch, eigentlich „Stück, das Widerstand leistet", im Sinne von feste, schwere Speise) wird in der klassischen Menüfolge das Hauptgericht bezeichnet, üblicherweise ein Stück Fleisch wie Braten oder auch Geflügel.

In all den mageren, fleischarmen Jahrtausenden seit der neolithischen Revolution geisterte eine Vision von Sattheit durch die Köpfe der so häufig hungrigen Menschen; ein fiktiver Ort, an dem man sich endlich vollfressen konnte, vor allem mit Fleisch, wo gebratene Schweine schon mit dem Vorlegebesteck im Rücken herumwandern und gebratene Gänse direkt in den geöffneten Mund fliegen: das Schlaraffenland. Wir, die wohlhabenden Schichten in den reichen, westlichen Industrieländern, aber auch eine wachsende Mittelschicht überall auf der Welt, haben uns in den Nachkriegsjahrzehnten durch den Puddingberg durchgefressen und sind endlich im Land des Überflusses angekommen: Kain ist in Cockaigne, und weiß nun nicht, wie er damit umgehen soll. Wie eine ironische Schlusspointe holt uns anscheinend nun, wo wir den Mangel endlich überwunden zu haben meinten, derselbe Fluch ein, der uns einst in das agrarische Mangelregime getrieben hat: die Begrenztheit unserer natürlichen Umwelt im Verhältnis zum unstillbaren Hunger unserer weiterhin wachsenden Zahl. Nur ist dieses Mal die Begrenzung nicht lokal, sondern sie ist global, und jenseits der Grenzen warten nur die tödliche Kälte und Dunkelheit des Alls. Die Lebensfeindlichkeit des öden Landes ist diesmal nicht relativ, sondern absolut: Es gibt keinen Plan(eten) B. Und dieser Planet leidet, wie es Hugh Laurie als Gouverneur Nix in Brad Birds Science-Fiction-Film *A World Beyond* 2015 so schneidend bemerkt, an „gleichzeitigen Epidemien von Fettleibigkeit und Unterernährung. Erklärt das mal!"

Die Gleichzeitigkeit des Ungleichzeitigen schlägt uns heute voll ins Gesicht. Hunger, Mangel, Armut, Seuchen und Elend, die über zehntausend Jahre unser aller ständige Begleiter waren, sind immer noch da. Immer noch geht es für einen erklecklichen Teil der Menschheit nicht um das sonntägliche

Huhn im Topf, sondern um das tägliche Brot. Laut den Zahlen der Welternährungsorganisation von 2019 hungern weltweit etwa 821 Millionen Menschen. Das sind elf Prozent der Weltbevölkerung. Etwa zwei Milliarden Menschen leiden weltweit weiterhin an Mangelernährung. Etwa 3,1 Millionen Kinder unter fünf Jahren sterben jährlich durch Hunger. Und gleichzeitig herrscht Überfluss wie nie zuvor. Das Bild hat sich im Vergleich zu früheren Zeiten nicht so stark verändert, nur dass der Braten nicht auf dem Tisch des Fürsten und der Brei auf dem des Bauern steht, sondern Burger auf den Tischen der wohlhabenden Zonen der globalisierten Welt und die Reisschale auf denen der armen.

Viele, die sich heute über dieses Problem den Kopf zerbrechen, folgen im Grunde der Logik unserer Ackerbauernvorfahren, indem sie dafür plädieren, lieber eine ausreichend große Schale Reis für alle zu haben statt Braten für wenige. Doch zeigt die Erfahrung unserer Ackerbauernvorfahren, dass dies eine vereinfachte Sichtweise ist, die man vielleicht plakativ in den Diskurs werfen kann, die aber nicht die optimale Nutzung der verfügbaren Ressourcen zur Ernährung der (Welt-)Bevölkerung darstellen kann. Die historischen Agrarsysteme, die aufgrund des Mangels allein auf die Befriedigung der Grundbedürfnisse der Bevölkerung ausgerichtet waren, waren komplexe Systeme, welche, obgleich mit beschränktem Wissen, das Möglichste aus den verfügbaren Ressourcen herausholen mussten. Dazu kombinierten sie klug Ackerbau und Viehzucht und passten sich an die lokalen ökologischen Gegebenheiten an. Hinter dieses Niveau aufgrund einfacher Milchmädchenrechnungen über Agrarflächen und Flächenerträge zurückzufallen, kann nur Leuten einfallen, die nicht verstanden haben, dass das Vieh eigentlich nicht essbares Grünzeug und Lebensmittelreste in für den Menschen essbares Fleisch umwandeln sollte. Dass heute das Vieh mit Soja gefüttert wird, das extra dafür auf Feldern angebaut wird, wo man klugerweise was anderes anbauen könnte, ist eine Fortschreibung der kapitalistischen Logik, die einst dazu führte, dass Rindern im Stall Klee verfüttert wurde. Das mag den Ertrag steigern, ist aber nicht per se deswegen schlau.

Die kapitalistische, industrialisierte Landwirtschaft und Viehzucht dienen wie alle kapitalistischen Ökonomien allein der Vermehrung des Anlagekapitals. Sie war so erfolgreich wie keine davor, jenes Wachstum zu erzeugen, das wir so notwendig brauchten, um der Mangelfalle zu entkommen. Sie ist aber in letzter Konsequenz nur lose über den Markt mit den Bedürfnissen der Menschen verbunden, und was sich nicht über den Markt artikuliert, existiert für das System schlicht nicht; weder Artenvielfalt oder die Folgen der globalen Erwärmung noch menschliche Bedürfnisse, die sich nicht ökonomisch gegenrechnen lassen. Leider fehlt es vielen Argumenten, die aktuell gegen das Fleisch in Stellung gebracht werden, an differenziertem Verständnis: Es ist nicht das Fleischessen an sich, das nicht nachhaltig und schlecht für das Klima ist, sondern die kapitalistische, industrielle Viehwirtschaft und der exzessive Fleischkonsum, den sie den Menschen in den Industrieländern anerzogen hat, um ihrem Primärziel dienen zu können. Die Menschen, die sich selbst *supersizen*, opfern sich und ihre Gesundheit und ein Stück unseres Planeten auf dem Altar eines unersättlichen Gottes.

Ihnen mit Verachtung und Hohn zu begegnen, ist sowohl unfair wie auch kontraproduktiv, denn leider hat uns nichts in den letzten 10.000 Jahren und in der langen Zeit davor auf das vorbereitet, womit wir jetzt konfrontiert sind. Wir sind gut darin, mit Mangel umzugehen, aber sehr schlecht darin, im Überfluss die richtige Entscheidung zu treffen. Wir haben noch nicht genug Erfahrung damit. Viele Stimmen zaubern nun im aktuellen Diskurs um den Fleischkonsum von der globalen Erwärmung durch pupsende Kühe bis zur Nahrungsmittelgerechtigkeit Argumente aus dem Hut, die unserem Tun wieder eine äußere Grenze setzen sollen. Fast hört man die Hoffnung daraus, von der Zumutung der Freiheit wieder befreit zu werden. Kain steht an der Schwelle einer neuen Welt, auf die ihn keine seiner historischen Erfahrungen von Hunger und Exzess vorbereitet hat, und – zutiefst menschlich – er versucht reflexhaft auf die ungewohnte Umgebung und völlig neue und unbekannte Herausforderungen seine alten Handlungs- und Erklärungsmuster anzuwenden. Das gibt auch ein Gefühl von Sicherheit, was in Angesicht emergenter, unbekannter, neuer Realitäten oft wichtiger ist als die faktische Wirksamkeit der Maßnahme.

Angesichts der existenziellen Bedrohungen durch Klimawandel, Verlust von Biodiversität, technischer und sozialer Transformation und einer weiterhin schrumpfenden Ressourcenbasis bei wachsender Bevölkerung greift man neuerdings wieder einmal zur kulturellen Praxis der Regulierung des Fleischkonsums. Über mehrere Jahrzehnte hatte zuvor die Regulierung der Fruchtbarkeit als Lösung aller Menschheitsprobleme gegolten und wurde als unumgängliche Notwendigkeit propagiert: Erinnert sich noch jemand, mit wie viel propagandistischem Eifer „Familienplanung" bis in die 1980er-Jahre in alle Welt hinausposaunt worden war? Kains allein an Mangelverwaltung geschulter Verstand kennt offenbar nur eine Logik: Entweder weniger Esser oder sie müssen weniger essen. Weniger heißt vor allem weniger „Luxusnahrung" wie Fleisch.

Um einzuordnen, auf welche Veganismusdebatte hier Bezug genommen wird, soll an dieser Stelle noch einmal deutlich gesagt werden, dass es für die meisten Homo sapiens auf diesem Planeten gar nicht um die Frage geht, ob Fleisch oder kein Fleisch, sondern darum, dass sie überhaupt genug zu essen haben. Weiterhin gibt es mehr Menschen auf dieser Welt, die unfreiwillig eine fleischlose oder fleischarme Ernährung praktizieren, als es freiwillige Fleischverweigerer gibt. Selbst jener Teil, der freiwillig auf Fleisch verzichtet, weil er es als Teil seiner Religion oder Tradition ansieht, ist nicht der Teil der vegetarischen Internationale, der nach einer fleischlosen Option in der Kantine schreit oder die Kennzeichnung von Nahrungsmittel und Produkten fordert, die tierische Produkte enthalten. Fromme Christen katholischen oder orthodoxen Bekenntnisses, welche noch die Tradition des saisonalen Fleischverzichtes in den Fastenzeiten und an jedem Freitag hochhalten, blicken schon lange nicht mehr scheel auf den Tischnachbarn, der seine Wurstsemmel auspackt. Und der Buddhismus hatte immer weniger mit Geboten und Verboten als durch Vorbilder versucht, seine asketischen Praktiken zu propagieren. Hier geht es folglich um die fanatischen Verfechter des Fleischverzichts, denn sie sind heute offenbar Angehörige einer ganz besonderen Religion. Ihnen ist vorzuwerfen, dass sie die Mehrheit der Menschen sozusagen in Kollektivgeiselhaft nehmen. Erneut eine jener typisch westlichen Anmaßungen, für die Vielen zu sprechen, deren Stimme wieder einmal in Wirklichkeit nicht gehört wird.

Was wir also führen, ist eine privilegierte Debatte innerhalb einer privilegierten Schicht unserer globalen Gesellschaft, und die Dünkel, die sie reproduziert sind deswegen die der globalisierten Mittelschicht. Die behauptete Frontstellung wird herbeigeredet: auf der einen Seite die schmutzigen, ungebildeten, fresssüchtigen niederen Kasten und einige dekadente Hedonisten aus den Eliten, die allein ihrem Bauch und anderen niederen Gelüsten huldigen – kurz, der sexbesessene, fleischhungrige Killeraffe. Auf der anderen Seite die reinen, dem kosmischen Gleichgewicht und der neuen Gottheit, der „Umwelt" geweihten, die Ratio vertretenden, guten Menschen. In diesem Weltbild wird wieder einmal scheinbar das Dionysische gegen das Apollinische in Stellung gebracht. Der völlige Verzicht und das absolute Verbot wird als lobenswerte Selbstbeherrschung verkauft: Rindertabu global großgeschrieben.

Es fügt sich schlüssig in eine ganze Batterie von ebenso humorbefreiten wie lustfeindlichen Strömungen unserer Zeit ein, die die Philosophen Slavoj Žižek und Robert Pfaller schon seit geraumer Zeit mit wachsender Besorgnis beobachten. Sie alle bedienen sich der Selbsterhöhung im Dienste des selbstpostulierten allgemeinen Guten, um die übergriffige Regulierung des Lebens anderer zu rechtfertigen, die vorzugsweise bis in den privatesten Winkel reicht und selbst die Sprache und Gedanken erfasst. Laute Stimmen dieser Bewegung, die sich ironischerweise als alles andere als die autoritären Persönlichkeiten sehen, als die ihr Verhalten sie entlarvt, haben wesentlich zur Schaffung jenes postfaktischen, hyperpolarisierten Klimas beigetragen, das uns nun angesichts realer Krisen und gefährlicher politischer Strömungen jener gesellschaftlichen Gemeinsamkeit beraubt, derer wir so dringend bedürften. Schon vor 2.500 Jahren hat man erkannt, dass das „Maßhalten" zum guten Leben führt. Doch diese Lösung ist leider schwer zu vermitteln, da sie weniger plakativ ist und man auf das individuelle Urteil und die Vernunft vertraut. Diese alte Idee der Balance zwischen dem Dionysischen und Apollinischen hat gegenüber den Forderungen der glühenden Radikalen einen schweren Stand.

Die Weisheit des Apoll legte vor allem nahe, dass es nicht für alle dieselbe Lösung geben kann. Den aufstrebenden Mittelschichten in Süd- und Ostasien etwa vorzuschreiben, ihren Fleischkonsum erst gar nicht hochzufahren, klingt aus dem Mund der wohlgenährten, westlichen Bourgeoisie genauso neokolonial anmaßend wie die Idealisierung der weitgehend fleischlosen Ernährung der breiten Massen in den Schwellenländern, durch den gerade vom Backpacking-Trip aus Indien heimgekehrten Yogalehrer. Im einen Fall wurde nicht verstanden, welche Rolle das Fleisch als Prestigegut hat. Im zweiten Fall, dass eine weitgehend fleischlose Ernährung in traditionellen Agrargesellschaften in erster Linie aus dem Mangel an Fleisch geboren ist, oder dass der Verzicht eine durch religiöse Ideologien gestützte Strategie der Gruppenabgrenzung ist, um das soziale Gefüge zusammenzuhalten, oder auch eine kostspielige Zurschaustellung zum Erhalt des eigenen Status sein kann.

In einer sich wandelnden, modernisierenden und globalisierenden Gesellschaft lösen sich die alten sozialen Gefüge auf, welche lange Zeit durch Verzicht gestärkt wurden, und Konsum wird als neue Prestigestrategie wichtiger. Westliche Gesellschaften sind diesen Weg schon gegangen und aktuell dabei, so scheinen zumindest viele Trends von Tiny Houses bis zu Minimalism anzudeuten, wieder in die Gegenrichtung zu pendeln. Hier ist der Verzicht als Prestigestrategie aber nur wirksam, weil Konsum mittlerweile vulgär geworden ist, also – einfach gesagt – er für jeden möglich geworden ist und Konsum irgendwann endlich ist. Nach dem Flachbildschirm und der dritten Südostasienreise bleibt nur mehr Marie Kondo.

PIÈCE DE RÉSISTANCE

Du bist, was du isst

Der moderne, fanatische Veganismus lässt sich gut als (nicht wirklich sehr) kostspielige Zurschaustellung im inneren Ringen der globalen Mittelschicht um die moralische Lufthoheit erklären. Die einen konsumieren immer noch weiter, noch mehr Kluburlaube, noch mehr Fernreisen und noch teureren Schrott. Doch das kann nur mehr gesteigert werden, wenn man finanziell wirklich gut aufgestellt ist. Die nötige Exklusivität und Distanz zu den nachdrängenden „Prolos" ist nur mehr schwer zu schaffen. Nach Pierre Bourdieu ist der *Feine Unterschied* in einer Turbo-Konsumgesellschaft zunehmend weniger durch traditionelles soziales Kapital – wie Bildung, Umgangsformen und „guten" Geschmack – aufrechtzuerhalten, sondern beruht aufgrund der mit der Amerikanisierung der globalen Kultur einhergehenden „Vermassung" des Geschmacks zwangsläufig nur mehr auf Konsum. Nun gerät aber die globale Mittelschicht zunehmend ökonomisch in die Bredouille. Signifikante Teile können das Prestigekonsumrennen nicht länger mitmachen. Sie brauchen daher eine andere Strategie und greifen in die Mottenkiste des Verzichts.

Wie die zölibatären Kleriker und asketischen Mönche früherer extremer Philosophien postulieren die Vertreter dieser Gruppe oft auch andere radikale Forderungen nach gesellschaftlichem Wandel, verfügen aber nicht über die politischen oder ökonomischen Machtmittel, um diese durchzusetzen. Auf dem Schlachtfeld der Ideen bedienen sie sich derselben diskursiven Guerillataktik wie seinerseits Säulenheilige und Anachoreten, nur verzichten sie eben nicht auf Sex und Urbanität, sondern auf das Auto und das Steak, mithin, wie die alten Israeliten, auf etwas, auf das zu verzichten ihnen ohnehin nicht schwerfällt.

Genauso wie bei den Zölibatären und Einsiedlern ist dies eine schlaue, aber in den meisten Fällen sicher unbewusste Kalkulation, in der großer Glaubwürdigkeitsgewinn gegen scheinbar große Selbstkasteiung eingetauscht wird, die sich bei näherem Hinsehen als gar nicht so schlimmer Verzicht herausstellt.

Es hat außerdem den Vorteil, dass man sich moralisch überlegen fühlen kann, denn schließlich bringt man ein Opfer (für alle, also das Weltklima), zu dem andere nicht in der Lage oder bereit sind. Das hilft, ein positives Selbstbild aufrechtzuerhalten, das für den modernen, immer zwangsweise authentischen Menschen zunehmend wichtiger wird. Die Rendite an sozialem Kapital und Selbstwert ist kaum zu übertreffen und daher besonders attraktiv für Gruppen, deren soziale Stellung ambivalent ist, die ihrem Herkommen und/oder Selbstbild nach zwar zur Bourgeoisie gehören, materiell und auf Basis ihres Sozialprestiges aber noch nicht dort angekommen sind oder fürchten müssen, von dort abzusteigen – und daher dringend etwas moralische Aufwertung gebrauchen können.

Was die Rechtfertigung aus der Heiligen Schrift für die Asketen früher war, ist für die heutigen Säulenheiligen die Wissenschaft. Wurde früher mit Bibelversen die selbstgewählte Verzichtsleistung als gottgefällig belegt, dient dazu in unserer Zeit der neoliberalen Selbstoptimierung vor allem das Argument der Gesundheit. Vom üblen Körpergeruch der Fleischesser, allerlei Krebsarten bis zum ewigen Gott-sei-bei-uns-Cholesterin wird alles aufgeboten, was irgendwann, irgendwer mehr oder weniger schlüssig mit Fleischessen zu korrelieren versucht hat. Und im Notfall beruft man sich auf Märtyrer – also „Zeugen" im eigentlichen Sinne des Wortes –, Testimonials von Prominenten oder der Cousine eines Nachbarn, der es sehr viel besser geht und die wundersam von allerlei Makel befreit wurde, seitdem sie vegan isst; oder man holt – wie bei den Milchfeinden – allerlei halbverdaute, veraltete Theorien gemischt mit etwas Hokuspokus aus traditionellen Medizinsystemen hervor. Im schlimmsten Fall beruft man sich auf die Urväter, und dann müssen unsere veganen Affencousins herhalten. All dies wäre nicht notwendig, wenn es tatsächlich eine klare Antwort auf die Frage gäbe, was nun gesünder ist: Fleisch oder kein Fleisch. Dummerweise ist die Antwort, wie uns die Geschichte gezeigt hat: Beides geht, sogar gesund, wenn man es richtig macht.

Ist das alles womöglich nur eine Unterstellung? Sehen wir uns die Demographie und die ökonomischen und sozialen Eigenschaften des veganen und vegetarischen Segments der globalen Bourgeoisie doch einfach mal mit der gleichen Härte an, mit der wir historische Gesellschaften analysiert haben. Eine von Gallup 2018 in den USA durchgeführte Analyse der Demographie von selbstidentifizierten Veganern und Vegetariern zeigte genau jene Indikatoren, die auf das beschriebene Bild hinweisen: Veganer und Vegetarier (circa zehn Prozent der Bevölkerung insgesamt, ein relevanter Anstieg gegenüber den circa zwei Prozent, die noch 2014 in einer großen Human Research Council Studie festgestellt wurden) sind am stärksten vertreten in der Altersgruppe zwischen 30 und 49; etwas schwächer in der davor, was zeigt, dass die Abkehr vom Fleisch eine biographische Entwicklung voraussetzt und kein Trend ist, der durch die Jugend in die Gesellschaft hineinwächst.

Die frühere Studie des HRC zeigt dabei auch, dass circa 80 Prozent ihren fleischlosen Lebensstil irgendwann wieder aufgeben, weswegen die Zahl in der nächsten Alterskohorte dann auch wieder runtergeht; und nicht, weil die Alten, von denen viele in den 1970er-Jahren, nachdem sie haschselig aus dem Aschram zurückgekommen sind, auch mal eine Zeit Vegetarier waren, solche verbohrten alten Fleischesser sind. Die durchschnittliche Verweildauer wurde dabei mit vier Jahren festgestellt, was eine zeitgleiche deutsche Studie von Pamela Kerschke-Risch zu bestätigen scheint. Bei männlichen Veganern korreliert sie überraschend mit der Dauer ihrer Beziehung zu einer von den meist (74 Prozent) weiblichen Veganerinnen.

Es sind also nicht in erster Linie Teenies und Studenten, die noch Hoffnungen auf einen Platz in der Gesellschaft haben, und nicht die ältere Bevölkerung, die ihren bereits überwiegend gefunden hat, die sich vom Fleisch abwenden. Es sind die, die biographisch genau dazwischen in der Schwebe sind und diesen Lifestyle – so könnte man ableiten – mehrheitlich auch nur so lange beibehalten, wie dieser Zustand anhält. Sie identifizieren sich im amerikanischen politischen Spektrum als eher liberal und areligiös (54 Prozent), was in den viel stärker religiös geprägten USA auffällig ist. Sie sind mehrheitlich weiß (54 Prozent) oder ethnisch gemischt (25 Prozent) und die traditionell stark diskriminierten und ökonomisch benachteiligten Minderheiten (Schwarze und Latinos) sind im Verhältnis zum Bevölkerungsanteil deutlich unterrepräsentiert. Ihr Bildungsniveau liegt über dem Durschnitt, was sich allein aus ihrer ethnischen Zusammensetzung schon ableiten ließe.

Veganer und Vegetarier sind aber, vielleicht überraschenderweise, im unteren Einkommensdrittel zu verorten, was die Frage aufwirft, wie sie sich den teureren veganen Lebensstil leisten können, der – wie die Propagandisten der Veganismus als gesunde und ökologische Lebensweise oft behaupten – angeblich ärmere Bevölkerungsgruppen davon abhält, diesen anzunehmen. Eine Antwort könnte sein, dass es vorzugsweise Singles mit keinen Versorgungsverpflichtungen sind. In der Gruppe der Veganer und Vegetarier kommen auch, einer älteren Studie zufolge, häufiger Depressionen und Angststörungen vor. Was aber, so sei gleich klargestellt, nichts damit zu tun hat, dass diese Gruppe kein Fleisch isst, sondern wohl eher damit, dass sich anscheinend bevorzugt Personen für eine fleischlose Ernährung entscheiden, die aufgrund ihrer sozialen Stellung und Persönlichkeit gleichzeitig auch eher anfällig für Ängste und Depressionen sind; ein Charakteristikum, das eben genau auf die beschriebene Gruppe und ihre Lebenssituation verstärkt zutrifft. Ängste und Depressionen sind oft eine Folge von sozialem Stress. Die aktuelle Veganismuswelle ist in einer demographischen Gruppe ins Rollen gekommen, die Grund hat, ängstlich und gestresst zu sein. Sie ist ein Teil der Strategie dieser Gruppe, damit fertig zu werden.

Wie das frühe Christentum, um die Analogie mit Säulenheiligen und Asketen wieder aufzunehmen, ist die Ideologie der Fleischlosigkeit eine Bewegung derer, die nicht zum Pöbel gehören wollen (ja Angst davor haben, in eine proletarische Existenz abzurutschen oder nach allen Indikatoren bereits dort, im sogenannten Prekariat, angekommen sind), die erworbene Robustheit und entsprechende Kultur der traditionellen Unterschicht aber vermissen lassen. Genau in dieser Position ist die kostspielige Zurschaustellung durch Verzicht als Diskursstrategie am wirksamsten und am kosteneffektivsten. Am besten wird sie im Bündel eingesetzt: Vegan ist gut, veganer Radfahrer ist besser, aber genauso einfach. Denn wer im Zentrum einer gut mit Radwegen und öffentlichen Verkehrsmitteln erschlossenen Großstadt lebt und schon vor Corona auch mal im Homeoffice arbeiten konnte, das heißt, nicht täglich aus der ländlichen Peripherie zu einem Industriearbeitsplatz im Ballungsraum einpendeln muss, für den ist der Verzicht auf das eigene Auto nicht wirklich schmerzhaft (vor allem wenn er es sich, zusammen mit dem teuren Garagenplatz, ohnehin nicht leisten könnte, neben der überzogenen Wohnungsmiete im urbanen Zentrum). Zumal wenn man sich notfalls jederzeit die Car-to-Go-App aufs Smartphone laden kann und gleich ums Eck auch schon der Smart wartet. Ebenso ist es leicht, biologisch und lokal einkaufender Veganer zu sein, wenn im frisch gentrifizierten Stadtteil eh an jeder Ecke ein Bioladen und ein ayurvedisches Lokal aufgemacht hat. Aufgrund der inhärenten Ungerechtigkeiten des globalen Handelssystems sind diese überwiegend noch so billig, dass man sie sich auch vom Prekariatslohn leisten kann.

Wie alle Lifestyles, die wir in den vergangenen Kapiteln kennengelernt haben, ist auch der vegane eine kulturelle Anpassung an eine sozioökologische Nische. Wie einige von ihnen definiert er sich, aber nicht ausschließlich, über eine Ernährungsweise, das heißt über ein Speisetabu. Wie die Statistik zeigt, verbindet die modernen Fleischverweigerer mehr als ihre Diät. Man kann sie als spezifische Subgruppe des globalen Mittelstandes begreifen, die durch die jüngste Welle der Globalisierung in eine zunehmend zwiespältige Rolle gedrängt wurde und nun einen großen Bedarf an Selbstvergewisserung hat. Dieser schlägt sich unverhältnismäßig in der medialen Öffentlichkeit nieder, da aus dieser Gruppe sehr viele Leute in den traditionellen oder modernen Medien arbeiten. Sie können daher ihre Lifestyle Choices – von denen der Veganismus nur eine ist – zu Überlebensfragen der Menschheit stilisieren.

Die Angst, mit der nicht zuletzt die am Beginn des Buches erwähnten Anthropologie-Studenten an ihrer Ernährungsweise festhielten, wird erst verständlich, wenn wir die Bedeutung dieser Wahl für das Selbstbild, oder wie man heute so verhängnisvoll sagt, die Identität, der Betroffenen begreifen. Man isst nicht vegan, so wie man mal italienisch isst, man *ist* vegan. Es geht nicht um Essen, sondern wie für den Brahmanen um Reinheit und Unreinheit, wie für den Israeliten um die Zugehörigkeit zum auserwählten Volk. Wie bei den armen Brahmanen und den Israeliten in der Diaspora ist das Tabu oft das Einzige, was einen von der Umgebung unterscheidet, zu der man aber nicht gehören will. Darum wird eine an sich banale Sache zu einer existenziellen Identitätsfrage. Darum ist schon ein einfacher Lapsus ein Abfall vom Bund; Mittelwege gibt es keine und damit auch keine Tischgemeinschaft mit den Unberührbaren.

Wir stehen auf den Schultern von Jägern, Bauern, Hirten und Fabrikarbeitern. Wenn wir dem anderen mit dem Respekt begegnen wollen, die einem Menschen gebührt, der sich nur in seiner Kultur, nicht in seinem Menschsein von uns unterscheidet, wie es Franz Boas und seine Schülerinnen uns klarmachen wollten, dann wäre vielleicht etwas Demut angebracht. Wir sind alle Produkte unserer Umstände – historischer wie gegenwärtiger. Unser Sein bestimmt unser Bewusstsein, was bedeutet, dass wir unter anderen Umständen auch zu jemand anderem geworden wären. Da wir aber nur das Innere unseres eigenen Verstandes wahrnehmen können, nur unsere Gründe und Entscheidungswege kennen, neigen wir dazu, in unseren eigenen Überzeugungen rationale, von einem autonomen Ich getroffene Entscheidungen zu sehen; in anderen meinen wir aber oft nur den stereotypen Vertreter eines umnachteten Kollektivs zu erkennen. Die einzige auch bisher in allen derartigen Fällen erfolgreiche Strategie ist altmodische Toleranz und das, was eigentlich von den Kulturrelativisten mit „Respekt" gemeint war: Wir sollten anerkennen, dass der andere eben anders ist, und das annehmen, aushalten und notfalls gegen die verteidigen, die uns alle gleichmachen wollen; auch wenn es uns nicht gefällt. Wenn wir – die wir als *Weird People* nicht zuletzt durch den Mangel und die Mühen all der Generationen vor uns und auch durch den Mangel und die Mühen vieler der Menschen, die heute mit uns leben – das Privileg haben, über unseren Fleischkonsum weitgehend losgelöst von ökologischen und sozialen Zwängen zu entscheiden, dann könnten wir uns zumindest den moralischen Überlegenheitsgestus ersparen. Wenn wir am Tisch des Jägers, des Bauern, des Hirten und Arbeiters Platz nehmen und er sein Fleisch mit uns teilt, nehmen wir es doch vielleicht als die Geste, die es ist – die erste und älteste Geste, die uns zu Menschen gemacht hat. Das halten wir aus.

Literatur

Durch die Segnungen des Internets kann in einem Werk wie diesem heutzutage eine lange Literaturliste entfallen. So lange Titel und Autor im Text vorkommen, sollte die Auffindbarkeit daher gewährleistet sein. Hier sind also bevorzugt jene Publikationen zitiert, die auf Basis des Haupttextes nicht so leicht aufgefunden werden können.

Ardrey, Robert: Adam kam aus Afrika. Auf der Suche nach unseren Vorfahren (dt. 1967)

Ardrey, Robert: Der Wolf in uns. Die Jagd als Urmotiv menschlichen Verhaltens (dt. 1976)

Bar-On, Yinon M./Milo, Ron: The Biomass Distribution on Earth (PNAS 115, 2018)

Benedikt, Ruth: Urformen der Kultur (1943, dt. 1955)

Bollognino, Ruth u.a.: Modern Taurine Cattle Descended from Small Number of Near-Eastern Founders (Molecular Biology and Evolution 29, 2012)

Bregmann, Rutger: Im Grunde gut. Eine neue Geschichte der Menschheit (2020)

Buss, David: Evolutionary Psychology: The New Science of the Mind (2011)

Carneiro, Rober: A Theory of the Origin of the State (Science 169, 1970)

Cartmill, Matt: Das Bambi-Syndrom (1995)

Cordain, Loren u.a.: Plant-Animal Subsistence Ratios and Macronutrient Energy Estimations in Worldwide Hunter-Gatherer Diets (The American Journal of Clinical Nutrition 71, 2000)

Cordain, Loren u.a.: The Paradoxical Nature of Hunter-Gatherer Diets: Meat Based, yet Non-Atherogenic. (European Journal of Clinical Nutrition 2002)

Davidson, James: Kurtisanen und Meeresfrüchte (dt. 1999)

Diamond, Jared: Arm und Reich – Die Schicksale menschlicher Gesellschaften (1997)

Dietrich, Laura u.a.: Cereal Processing at Early Neolithic Göbekli Tepe, Southeastern Turkey (PLOS ONE 2019)

Douglas, Mary: Reinheit und Gefährdung. Eine Studie zu Verunreinigung und Tabu (1985)

Edgerton, Robert: Trügerische Paradiese. Der Mythos von den glücklichen Naturvölkern (1994)

Everett, David: Die größte Erfindung der Menschheit. Was mich meine Jahre
am Amazonas über das Wesen der Sprache gelehrt haben (2013)

Flannery, Kent V.: Origin and Ecological Effects of
Early Domestication in Iran (in: The Domestication and
Exploitation of Plants and Animals, 1969)

Galbraith, John Kenneth: The Affluent Society (1958)

Gilby, Ian: Meat Eating by Wild Chimpanzees (Pan troglodytes schweinfurthii).
Effects of Prey Age on Carcass Consumption
Sequence (International Journal of Primatology 39, 2018)

Gomes, Cristina/Boesch, Chrsitophe: Reciprocity and
Trades in Wild West African Chimpanzees (Behavioural
Ecology and Sociobiology 65, 2011)

Gomes, Cristina/Mundry, Roger: Why do the Chimpanzees of the Taï Forest
Share Meat? The Value of Bartering, Begging and Hunting
(in: The Chimpanzees of the Taï Forest, 2019)

Goodall, Jane: Wilde Schimpansen. Verhaltensforschung
am Gombe-Strom (1991)

Goodhart, David: The Road to Somewhere. Wie wir Arbeit, Familie
und Gesellschaft neu denken müssen. Die populistische Revolte und
die Zukunft der Gesellschaft (2020)

Hanel, Andrea/Carlberg, Carsten: Skincolour and Vitamin D:
An Update (Experimental Dermatology 29, 2020)

Hansen, Victor Davis: The Other Greeks: The Family Farm
and the Agrarian Roots of Western Civilization (1999)

Harari, Yuval: Eine kurze Geschichte der Menschheit (dt. 2013)

Harris, Marvin: Fauler Zauber (1974)

Henrich, Joseph: Secret of Our Success. How Culture is Driving Human
Evolution, Domesticating Our Species, and Making Us Smarter (2017)

Henrich, Joseph: The WEIRDest People in the World: How the West
Became Psychologically Peculiar and Particularly Prosperous (2020)

Karl, Raimund: Warum nennen wir ihn nicht einfach Dietrich? Zum Streit um
des dorfältesten Hochdorfer Sakralkönigs Bart (Interpretierte Eisenzeit 1, 2005)

Kerschke-Risch, Pamela: Vegan diet. Motives, Approach and
Duration Initial Results of a Quantitative Sociological Study
(Ernährungs Umschau 62, 2015)

King, Charles: Gods of the Upper Air: How a Circle
of Renegade Anthropologists Reinvented Race, Sex,
and Gender in the Twentieth Century (2019)

Kotrschal, Kurt: Hund und Mensch. Das Geheimnis
unserer Seelenverwandtschaft (2016)

Kotrschal, Kurt: Mensch. Woher wir kommen,
wer wir sind, wohin wir gehen (2019)

Kurlansky, Mark: Kabeljau. Der Fisch, der die Welt veränderte (dt. 1999)

Lieberman, Daniel/Bramble, Dennis M.: Endurance Running
and the Evolution of Homo (Nature 432, 2004)

Michalak, Johannes u.a.: Vegetarian Diet and Mental Disorders.
Results from a Representative Community Survey (International
Journal of Behavioral Nutrition and Physical Activity 9, 2012)

Neugebauer, Otto/Pritchett, William K.: The Calendars of Athens (1947)

Pfaller, Robert: Erwachsenensprache. Über ihr Verschwinden
aus Politik und Kultur (2017)

Pomeranz, Kenneth: The Great Divergence: China, Europe,
and the Making of the Modern World Economy (2000)

Pontzer, Herman u.a.: Hunter-Gatherer Energetics
and Human Obesity (PLOS ONE 2012)

Quin, Wenda: Food Composition and Production in Medieval
England and Their Mutual Influences (2017)

Raichlen, David: Calcaneus Length Determines Running Economy.
Implications for Endurance Running Performance in Modern Humans and
Neandertals (Journal of Human Evolution 60, 2011)

Reichholf, Josef: Warum die Menschen sesshaft wurden.
Das größte Rätsel unserer Geschichte (2008)

Sadler, Kate: The Fat and the Lean. Review of Production
and Use of Milk by Pastoralists (Pastoralism 1, 2010)

Sahlins, Marshall: Stone Age Economics (1974)

Sato, Shun: How the East African Pastoral Nomads,
Especially the Rendille, Respond to the Encroaching
Market Economy (African Study Monographs 18, 1997)

Schmidt, Klaus: Sie bauten die ersten Tempel. Das rätselhafte
Heiligtum der Steinzeitjäger. Die archäologische Entdeckung
am Göbekli Tepe (2006)

Shapiro, Michael D./Domyan, Eric T.: Domestic Pigeons
(Current Biology 23, 2013)

Tishkoff, Sarah u.a.: Convergent Adaptation of Human Lactase Persistence in
Africa and Europe (National Genetics 39, 2009)

Tompson, Edward P.: The Making of the English Working Class (1980)

Wrangham, Richard/Peterson, Dale: Buch Bruder Affe. Menschenaffen und die
Ursprünge menschlicher Gewalt (1997)

DANKSAGUNG

Am Ende ist es angebracht, Dank auszusprechen. Dieser gebührt Nikolaus Brandstätter, der damit schon das zweite blutige Thema aus meiner Feder herauszubringen gewagt hat. Judith E. Innerhofer, welche dieses Buch – und den Autor – auf jedem Schritt vorangetrieben hat, und meiner Lektorin Maren Wetcke. Nicht zuletzt dem mäßigenden Einfluss dieser beiden ist es zu verdanken, dass wir alle hoffentlich nicht zur Schlachtbank geführt und auch nördlich des Weißwurstäquators verstanden werden. Die Sünden fallen auf mich zurück.

Ilja Steffelbauer, Wien 2021

LIEBE LESERIN, LIEBER LESER,

Hat Ihnen dieses Buch gefallen?
Wollen Sie weitere Informationen zum Thema?
Möchten Sie mit dem Autor in Kontakt treten?
Wir freuen uns auf Austausch und Anregung!

leserbrief@brandstaetterverlag.com

Brandstätter Verlag
Wickenburggasse 26, 1080 Wien
Telefonnummer: 0043 1 512 15 430

WIR SAGEN DANKE. BLEIBEN WIR IN VERBINDUNG!

Lassen Sie sich inspirieren
Gute Geschichten, schöne Geschenkideen auf
www.brandstaetterverlag.com

Teilen macht Freude!

#fleisch #ernährungsgeschichte #waswiressen

IMPRESSUM

1. Auflage 2021
Alle Rechte vorbehalten

Copyright © 2021 by
Christian Brandstätter Verlag, Wien

Designed in Austria, printed in the EU

ISBN 978-3-7106-0507-9

Cover: Caroline Plank-Bachselten, Bureau Blank
Satz & Illustrationen Vor- und Nachsatz: Johanna Kurz
Lektorat: Maren Wetcke
Projektleitung: Judith E. Innerhofer

Bildnachweis Cover: Mara Zemgaliete / stock.adobe.com

Dieses Buch wurde auf hochwertigem, FSC©-zertifizierten Naturpapier gedruckt. Das Forest Stewardship Council® ist eine internationale Nicht-Regierungsorganisation, die weltweit eine umweltfreundliche, sozial gerechte und wirtschaftlich tragfähige Bewirtschaftung der Wälder fördert. Für die Druckproduktion und Endfertigung wurde auf umweltfreundliche, ressourcenschonende und schadstofffreie Produktionsweisen und Materialien geachtet. Die Druckerei ist FSC© und PEFC™-zertifiziert, regelmäßige Audits erfolgen im Rahmen der internationalen Umweltmanagementnorm ISO 14001 (Nr. 35025/C/0001/UK/En).
Diese international anerkannten, unabhängigen und regelmäßig überprüften Standards gewährleisten eine umweltgerechte, sozial verträgliche, nachhaltige und ökonomisch tragfähige Nutzung entlang der gesamten Wertschöpfungskette Holz, vom Baum bis zum Buch.